できる先生が
実はやっている

教師力を鍛える77の習慣

Morikawa Masaki
森川 正樹

明治図書

本書は、二〇一二年に刊行された『先生ほど素敵な仕事はない?!―森川の教師ライフ＝ウラ・オモテ大公開―』（明治図書）を大幅に加筆・修正したものです。

プロローグ　〝こたえ〟は子どもたちの中にある

ある子の「二学期の振り返り」の中に、次のような記述がありました。

「国語の授業の『やまなし』で板書を書いているとついていけなくなりそうだったので、ノートに書くのを少しとめて聞くことに専念しました」

この記述を読んだときに、私は「話し合い」形式の授業（森川は「座談会」と呼んでいます）のときは「授業後に板書を子どもたちに配る」ということを徹底しようと決めました。

それまでは板書を子どもたちに配ることもあったのですが、子どもたちに、「自分で板書を写したほうがいいなあ」「今日は板書しなくてもいいです」「できるだけ書いて」などと日や内容によって曖昧な対応をしていました。

しかし、「徹底して話し合いをさせるときは、毎回絶対欠かさずに配ろう」と決めたのは先の記述があってからです。

我々教師が求めている「現場」での「こたえ」は、子どもたちの中にあります。「こたえ」は子どもたちから「つぶやき」「行動」「発言」、そして「記述」となって示されるのです。時としてそれは「つぶやき」にも満たない「ちょっとした仕草」であるかもしれません。「顔が曇っている」ということかもしれません。

そのような子どもたちの「内なる声」に気づける存在になりたいものです。

本書では、そのような「内なる声」に気づける自分になるために必要な「自分磨き」について、習慣にしたいことをまとめてみました。

「気づける」先生は何が違うのか。

それは自分自身の「気づきの場所」「気づきの方法」を必ず持っていることです。**「気づき回路」が、自分のライフスタイルの中に設定されている**のです。

「気づき回路」の設定のために、様々な角度からの「気づきを倍増させる自分磨き」を集めたのが本書です。

教師の「持ち物」といった具体的な〝モノ〟から、教師力の根幹を鍛える「教師のメモ術」「授業記録術」「学級通信の書き方」といった主に〝教師の書くこと〟について。そして、手軽にできる最強の自分磨きである〝読書〟。

本書は二〇一二年に『先生ほど素敵な仕事はない?!』（明治図書）として出版されたものを、「習慣にしたい自分磨き」という観点で再構成したものです。……とはいっても、大幅に加筆しました。新しい原稿も加わっています。さらに当時の原稿をもう一度読み返し、現在の私の視点で書き換えも行いました。

前著をお持ちの先生方にもまた新たな〝出会い〟として楽しんでもらえるよう心がけたつもりです。

さあ、一緒に「自分磨き」を楽しみましょう。せっかくなりたくてなった教師なのですから。

本書を読み終えた後、「ワクワクしているあなた」と、「エピローグ」で出会えますように……。

CONTENTS

CONTENTS

Chapter 2

習慣にしたい教師のための自分磨き

CONTENTS

Chapter 3

習慣にしたい教師のための読書術

Chapter1

習慣にしたい教師のアイテム＆思考術

Chapter2　習慣にしたい教師のための自分磨き

Chapter3　習慣にしたい教師のための読書術

1 多様なペンを常に持ち歩く

学校では、常に胸ポケットにペンを指しています。時にはピンク色のマジックが入っていることもあります。

「常に書ける状態である」このことは、授業力を高めることに確実に繋がります。まずはそこが大前提。

さてその上で……筆記具です。まず三色ボールペン。

三色ボールペンを使う理由は、まず**黒で普通に色々なことを書く。赤は本にメモしたり、丸つけができるため。青は、テスト直しを持ってきた児童の答案に再度丸をつけるときに青で丸をつけるため**です。

また、色によって参観記録を書き分けることもできます。

ペンの種類は「ジェットストリーム」がオススメ。書き味がよく、走り書きメモに適しています。

サイズは細すぎず、残った字のインパクトも出る０・７がオススメです。

最後に三色ボールペンを使い続けるときのコツですが、必ず「リフィル」（替え芯）を常に用意しておくことです。多色ボールペンでよく起こるのは「赤だけなくなった」「今は緑色しか出ない」といった状態です。そうなると途端に使う気が失せますし、むしろそれはストレスへと移行します。

そこで必ずリフィルを携帯し、いつでもインクがなくなったら取り替えられるようにしておきましょう。

次に水性マジック。ダイナミックに丸つけをするときや、ノートにＡやＳといった評価を書くときにもインパクトが強くて重宝します。

最後に、自分のお気に入りのこだわりのペンを。ちょっと高価なこだわりのペンを持つことで背筋が伸びる気がしますし、人に貸したときに自分の〝分身〟としてよい印象を与えてくれます。

たかがペン、されどペンなのです。

2 ノートに書く

【A4のノート】

アナログで授業記録を取る際には、A4のノートが便利です。開けばA3になるこのノートのメリットの一つは、日頃使うA4やB5、B4サイズなら切らずにそのまま貼ることができることです。そのままサッと貼れる、というのは小さいことのように見えて結構便利で時間短縮になります。授業で使った大抵の資料はノートに貼り、一元管理することで、そのときに何をしたのかが振り返りやすくなり、資料も探し出しやすくなります。

授業記録ですが、一番よいのはその授業の板書の写真も一緒に貼っておくことです。写真を貼り、そこに色々とメモを書き込んでおくのです。

最悪時間がなくて記録を書けなくても、その写真だけで授業の全体像は思い出すことができます。

授業記録で大事なのは「再現性」です。もう一度同じことをするにもノートを見て授業を思い出せないようではいけません。

ノートでの授業記録は「板書の写真」とセットが大変便利です。

また、児童のノートにも私は配ったプリントを全て貼らせています。そのほうが紛失しにくく、学習したことは全てそのノートに入っている、というほうが再利用しやすく、子どもたちのためによいのです。

【無地のノート】

無地のノートは主にアイデアを出す、イラストを書くために使っています。

私はよく学級通信をイラスト版で出します。そんなときは同じノートにイラストを書いていきます。

イラストを描かなくても、無地のノートはアイデアを広げるのに役立ちます。ノートの紙面を自分で思い通りにできるのは楽しいです。旅行先などに持ち歩いて絵を描いたり、アイデア収集にも重宝します。

3 お気に入りのメモ帳を見つける

メモ帳は自分に合ったものを見つけ出しましょう。私は無印のメモ帳を使っています。「文庫本ノート薄型50枚」（無印良品）というものです。

もうここ一〇年以上これを使い続けています。

安価で柔らかく、表紙も無地なので自分でデザインできます。中は無地です。無地のほうが何かと便利です。メモは自分にだけわかればよいので整えて書く必要はなく、無地のほうが書きなぐれますし、スタンプを押したり、イラストを描いたりするときにも重宝します。

一回で一〇冊ほどまとめて購入しておきます。

メモ帳を携帯する習慣をつけましょう。**何度も何度も書いて、携帯していなければ落ち着かない、そのような状態に持っていく**のです。メモの話の続きは「習慣28・メモ癖をつける」（七八ページ）へ……。

4 デジタルカメラで手元に残す

子どもたちの日常を記録するデジタルカメラ。

日常を記録する以外にも様々な用途でデジタルカメラは必要です。

まずは「板書を撮る」。

毎時間、授業の板書を撮ります。それを学習通信にして配ることもできますし、自分自身がどう授業をして次にどう展開するかなどを考える授業記録ともなります。ちなみに私は、板書を撮ろうとしてデジカメを教員室に忘れてきていることに気づき、「ちょっとこの板書消さないでね。写真撮るから！」と何度も階下にデジカメを取りに行っています（笑）。

次に便利なのは「子どものノート」を記録できることです。一冊ずつコピーを取ったり、スキャナーで取り込んだりできるに越したことはないのですが、時間がないときはとりあえずデジカメです。パシャパシャパシャノートを開いては撮っていきます。内容が確認できればよいのであれば、この方法で手早く記録を取ることができます。

簡単な動画ならすぐに撮れる。これも大きな魅力です。体育の跳び箱運動を、一人ひとりデジカメで動画で記録することもできます。それを教室の大型モニターで子どもたちに見せて動きを確認することもできますし、評価用にも使えます。

研究会に参加するときも必需品です。学校を写したり、許可があれば板書や教室掲示を写すことができます。

デジカメはプライベートでも大活躍します。旅行先で子どもたちに提示できそうな風景、ポスター、展示物、……様々なものをデジカメで写しておけばとりあえず安心です。使わなくても構いません。とにかく「手元に残す」これで何とかなるのです。

デジカメは本当に重宝します。

ICレコーダーでクリエイティブに働く 5

ＩＣレコーダーは、手軽に授業を音声に残すことのできる便利なツールです。

また、私は様々な場所で講演をさせていただく機会があるので、演台に置き、ボタンを押します（とはいっても、私の場合、かなりボタンを押すことそのものを忘れてしまい意味がないのですが……苦笑）。

ビデオカメラは固定でいつでも撮れるようにしておけば便利ですが、持ち運びにはあまり向きません。音声だけでいいのならレコーダーはとても便利です。

授業におけるＩＣレコーダーの効果は、〝録音できる〟だけに留まりません。

「レコーダーに録っている」という行為が、子どもたちを〝その気〟にさせるのです。

慣れてくると、子どもたちのほうから、「先生録らなくていいの？」と聞いてきます。

さて、また別の使い方ですが、ＩＣレコーダーがいつも手元にあると、疲れているときに便利なのです。

さて、どういうことだと思いますか?

それは授業記録です。ものすごく疲れているとき、授業記録や研究授業の反省、自分の行った発表などの振り返りを書くのがとてもつらいですよね。でも、そのときに書いておかないと間違いなく忘れてしまいます。

そういうときはＩＣレコーダーに録音するのです。

私は車通勤なので、帰りの車の中でレコーダーを起動させてポチっと（笑）。

運転しながら授業記録や反省を語るのです。

これは楽。

取りあえず「記録した」という状態に持っていきます。これで精神的にも楽。

ＩＣレコーダーは知的生産という観点からもとても使い勝手がよく、クリエイティブな仕事をする人にピッタリです。

おまけですが、スマートフォンのアプリを使えば、声で録音したものが文字化され保存できるそうです。便利なモノをうまく使いこなして楽しく仕事をしたいですね。

6 ポメラを携帯する

「ポメラ」（キングジム）がなくては、私は今の仕事を続けていくことができません――というくらい（笑）、重宝しているアイテムです。

まずもってこの原稿を書きためていく過程ではポメラが大活躍します。私は様々な場所で様々な細切れ時間で原稿を書きためていくので、サッと開いてサッと打ち出せる「ポメラ」はとても便利です。

そして軽い。コンパクト。どこにでも持ち運べて、小さなスペースでも広げて打つことができます。

今使っているのは二代目のポメラです。キーボードも広くなり、画面も広くなり、バックライトもつき、より便利になりました。

打ったデータはＳＤカードに保存されるので、書きためたところでパソコンに落とせばすぐに文書が作成できます。

私はこれを使うようになってから格段に授業記録が取れるようになりました。例えば、給食を食べた後に、サッとポメラを開いて、三分で午前中の授業記録を打っておく、そのようなことができるのです。授業記録を量産できれば学級通信もすぐに作成できます。

私はポメラをいつも鞄に入れて持ち歩いています。研修会先でも重宝します。研修を受けるなりその場で学びを打ち込んでおけば報告も同時にできてしまいますし、記録になります。また、研修会などに出ているときは脳がよい刺激をもらっているのか、授業のアイデアもよく出てきます。そんなときにすぐに打ち込みます。もちろんメモに書いてもよいのですが、後から文書にして配ったり、何かまとまったアウトプットをするのなら、すぐにデジタル化ができるポメラがオススメです。

ポメラは、教師のために作られたのではないかと思うほど、私は重宝しています。

さて、今からカバンに本とメモ帳とポメラを入れて、散歩にでも行きますか。

7 「＋α名刺」を持つ

社会科見学の下見で、見学先の博物館に行ったときのことです。担当の研究員の方と打ち合わせをする際に最初に名刺交換をしました。そのときに、若い先生が名刺を持っていなかったのですが、その研究員の方に、

「森川先生、どうして学校の先生は名刺をもっていないのですか？」

と言われました。「何度も下見に来られる先生方と名刺を交換する機会があるのだけれど、名刺を持っていない先生が多くて驚いている」ということでした。

これを聞いてたしかに持っていない人が多いよな、と私は思っていました。

社会人のマナーとして名刺は持ちたいものです。

また、名刺は話のきっかけをつくってくれます。二人の間に立って、〝第三者〟として

会話をつないでくれます。

名刺はお店に頼んでもよいですし、オリジナルの名刺も今や簡単にパソコンで作れます。名刺用の専用紙も様々な種類のものが安価で手に入ります。

私は手作りの場合、自分で書いたイラストをスキャナーで取り込んで名刺の隅に入れています。名刺の中に絵があると和みます。絵が目を引くので、まずそこから会話が始まるのです。

私は名刺には必要な基本情報＋αがよいと思っています。

「＋α」の部分がより関係を深めてくれます。

例えば、「旅行好き」とか、「スイーツ情報求む！」とかです。

教師も名刺を持つ。それも「ちょっぴりワクワク名刺」をです。

8 「〝あなたの〟名刺」を持つ

〝あなたの〟って？　と思われたかもしれません。

これは文字通り相手の名刺のことです。

先にも書きましたが、先生の中には名刺を持っていない人も多いです。自分は渡しても「ちょっと名刺持ってないんで……」ということもよくあります。

そんなときにサッと格好よく出すのが「〝あなたの〟名刺」なのです。では、実際の場面を再現してみましょう。

相手：すみません。私ちょっと名刺持っていなくて……。

私：あ、大丈夫ですよ。私、先生の（あなたの）名刺を持っていますから。

相手：え……？

私：はい、これです。

ここで、**白い「名刺カード」**を出すのです。そして、「ここに書いていていただけますか？」と促します。相手の方は感心して笑顔で名刺を書いてくれるでしょう。

これでメモ帳や破いた紙に書いてもらって、連絡したくなったときになくなっている、ということは防げます。

最後に……あなたは間違いなく「できる人」と思われます（笑）。

一石二鳥ですね。

9 〝行きつけ〟の文房具屋を持つ

行きつけの飲み屋、ではありません（笑）。

行きつけの「文房具屋」です。私は文房具が大好きなのでこんなことを書いているのですが、教師にとって「文房具」は実に近しい存在です。ですから、文房具に関して遊び心を持って接することは仕事を楽しくさせてくれることに繋がります。

面白い文房具屋は、雑貨なども売っているこだわりショップのような店です。今度はどんなモノが入っているかなあと、また行くときにワクワクします。その店でしかなかなか手に入らないモノもあります。

ちなみに私のお気に入りの店は、名古屋市中区栄にある「seant《セアント》」（http://seant.ocnk.net/）というお店。雑貨、文房具、書籍など、そこにいるだけで楽しめるお店。季節によって陳列される商品も変わるので、年に何回かは行きたくなります。私は神戸に住んでいるのでいつでも行けるわけではありませんが、ドライブがてら高速をとばして行ける範囲です。

名古屋の街はお城もあり、たくさんのショップもあり、文化の発信地としてどんどん盛り上がっている場所です。

私はこのお店メインで何回か足を運んでいます。少し遠いところほど、毎回お店の扉を開けるときのワクワク感もたまらないと思います。近くに行かれたときはぜひお立ち寄りを。

そしてお会いしたときには、あなたのオススメのお店をぜひ教えてください。

身の周りは教材だらけだと気づく

10

私たちは、実はたくさんの教材に囲まれています。国語科、社会科、生活科、……様々な教科で使える教材をうまく発掘して授業で使いましょう。例えば……。

「作文指導」「書くことの指導」の一環として、私は「書き慣れ」を重視しています。そのときに、吹き出し（セリフ）を書かせるのは有効です。セリフなら何を書いてもよいので、子どもたちは書き出しやすくなります。思いついたセリフを箇条書きで書かせていきます。

そんなときに、「面白画像」が使えます。私たちの身の周りにはたくさん〝使える画像〟が存在します。

手近なのは絵はがきやパンフレットです。絵はがきは旅先のどこにでも売っていて、安く、軽い。また、展示会や催し物の案内はがきなどは無料で本屋や雑貨屋に置いています。私はそれも必ずチェックします。

授業にかけるときは、それらを拡大コピーするか、スキャナーで取り込んで提示します。私は子どもたちに「衝撃映像」と言って提示しています。子どもたちは衝撃映像の活動が大好きです。このような活動で書き慣れていった子どもたちは、その後の様々な書く活動にも意欲的になっていきます。

家電量販店のパンフレット、旅行先のパンフレット、旅行代理店のチラシ、……。実に様々です。楽しい画像を色々探してストックしておき、子どもたちに提示するのは楽しいものです。今度はこれを子どもたちに提示したら盛り上がるかな、と考えるのもいいものです。

駅などに置いてある無料冊子。これも使えます。そこに書いてあるコラム記事は、子どもたちに簡単なエッセーを書かせるときの参考にさせることができます。

駅や観光地にあるスタンプはその土地の特色を強く表しているので、社会科の学習に使えるかもしれません。

身近にいる昆虫も偉大な教材です。教科書や資料の二次元だけの展開よりも、カナブンを一匹持ち込んだほうが実感をもった学びとなります。

地域のコンビニをハシゴして取材するのも面白いです。その際は最初に店員の方に話をしてからできるならば写真を撮らせてもらいます。四軒のコンビニの入り口を入ったすぐの棚の写真を撮り、共通点を洗い出させる。では、逆に一番奥の棚にはどのような物が並んでいるか。同じこと、違うこと、……教師自身が取材をしていく中でたくさんの気づきを得ることになります。

この**気づきの多さが授業の熱を生む**のです。

博物館に行けばそこに貼られているポスターが使えないか。また、博物館や資料館には必ずその館オリジナルの研究冊子や、「子ども向けのリーフレット」などが安価で売られています。それを見つけたら迷わずゲットです。私は旅先で資料館などに寄ると、まず販売コーナーをチェックしてしまいます。これが楽しいのです。

その町由来の偉人の話などは、子ども向けにわかりやすくまとめてあります。化石を購入して帰ったこともあります。

授業のネタは、ちっと意識すればそこら中にあります。それらを「遊び心」でもって発掘し、料理して子どもたちに出す。それも教師の醍醐味ではないでしょうか。

11 大人のための勉強部屋「大学図書館」を使う

勉強するのにこれほど適した場所はありません。それが大学図書館です。

自分が今、大学図書館に行ける環境にあるのならば、利用しない手はありません。

この原稿は、実は大学図書館で書いたものです。

研修で大学院時代を過ごした大学の近くまで来たものですから、せっかくだからと図書館に寄りました。名前を書けばすぐに入れてくれます。

入場し、机のある二階へと続く階段を上がり終えるとすぐに、高々と本を積み上げてレポートを書いている学生の姿が目に飛び込んできました。

いいなあ、この感じ。学問のにおいがします。

時々、自分が過ごしていた大学や、勉強を頑張った図書館などに身を置いて仕事をするのもいいものです。「いっちょやったるか」と闘志がわいてきます。

ただ、気をつけなくてはならないのが、周りに魅力的な本がありすぎてなかなか手が着けられなくなってしまうことです。

教師はたくさん調べものをする仕事です。勉強するにはもってこいの大学図書館で学生に混じって勉強しましょう。

そして、もちろん仕事もはかどります。

「この文章を打とう」とか、「この資料を読んでしまおう」などと、具体的に取り組む仕事を決めて突入しましょう。

気分転換に本を読む。

……そして読書がメインになる。それはそれでいいじゃないですか。

知的な空間は自分を高めてくれます。

12 「楽しいなあ」と声に出す

唐突ですが、あなたは最近「楽しいなあ！」って声に出しましたか？

これ、大事なことなんですよ。教師生活を楽しみ尽くすために。

子どもたちと日々接している我々教師は、子どもからパワーをもらいます（時として吸い取られますが……。いや、時としてじゃないかな。日々かな？……あれ？）。

しかし、もらうばっかりではいけません。

日々を楽しんでいる先生は若い。若い、というのは年齢どうこうという話ではないのです。「楽しいなあ！」って声に出せるような場面を持っているか、です。その場面がある人は絶対に若い。

私の趣味は旅行です。実はスキマの時間があれば「えいっ！」とばかり旅行に行きます。最近では三重県の伊勢、和歌山県の紀州、岡山県の蒜山……と、この原稿を書く前に代休や土日を利用して小旅行に行きました。

旅行先での楽しみは料理に温泉！（だんだん何の原稿かわからなくなってきました）。美味しい料理を食べながら何度も「いやあ、楽しいわあ」「実に愉快！」と口に出している自分がいます。眺めのよい温泉に入りながら、「うわ〜、最高やね」「楽しいわあ！」と連呼しています。

無邪気に楽しむ、自分自身が全力で楽しむからこそ、心に余裕ができますし、突き抜ける明るさで子どもたちと接することができると私は考えています。

奥の手もあります。それは、「楽しいなあ！」と声に出して意識的に言うのです。それでだんだんと本当に楽しい気分になってくる。脳は自分の発する言葉を聞いています。マイナスの言葉を口にしていると脳は楽しくない、と判断し、「楽しい」という言葉を聞いていると、脳は今は楽しいんだ！と認識します。

ですから、意識的に「楽しい！」とか「いい気分だ！」とか口に出して言う。これは教師生活を楽しみ尽くすためにも大切なことなのです。

ちなみに「楽しいなあ！」と「勉強」がセットになったセミナーがあります。それが、『教師の笑顔セミナー』（※）です。森川が講師をしています。ぜひ皆さん、一度お越しください！　そして、帰り際に呟いてください。「いやあ、楽しかった！」と。

おっと、肝心なことを書き忘れるところでした。

「楽しいなあ！」と声に出して言いたい一番の場所……それは……「教室」。教師にとって「楽しいなあ！」と教室で声に出せることほど素敵なことはありません。

「みんなと授業して、先生やっぱり楽しいわ」

昨日の授業終わり、子どもたちに言いました。幸せ者です。

■教師の笑顔セミナー

全国各地で行われている教師の笑顔向上委員会主催のセミナー。主に学期に一回開かれるレギュラーセミナーと、各地をツアーするスピンオフセミナーがある。

開催時期、内容は「森川ブログ」(http://ameblo.jp/kyousiegao/)をご覧ください。

13 「笑顔」と「笑い」は絶やさない

もう何度書いたかわかりませんが、やはり「笑顔」「笑い」は欠かせません。

「笑い」といっても、子どもたちにギャグを言ったり、漫才をして笑わそうということが本質ではありません。しかし、笑いのない教室は何とも寂しいものですし、子どもたちは笑うことでどんどん身体（からだ）が開いてきます。

「笑うこと」は、自分を教室の中で解放できるようになっていく効果があるのです。

「笑い」の持つ力は相当大きなものです。静かな廊下に、教室から子どもたちの笑っている声が聞こえてくる。とっても素敵ですよね。

それにはまず朝、教師がニコニコしながら教室に入ることから。このことは、今までずっと大事と言われているにもかかわらず、結構できていない場合が多いのではないでしょうか。どのくらいのニコニコ度（？）かというと、

「先生、何でそんなにニコニコしてるん？」と子どもたちに聞かれるくらいのニコニコ

度です。朝礼台に上がるときも、体育大会などで全体指導するときもそうです。子どもたちの前に立つときはニコニコしていたい。

いつも笑顔で授業する。いつも笑顔で話をする。最初は意識し続けなければできません。笑顔は教室の空気も変えてくれます。笑顔のない先生の教室はどこかどんよりした空気が支配しています。反対にいつも笑顔の先生の教室は明るい。教室を知的な笑顔で満たしたいものです。

また、時には子どもの前で大声で笑うことも大切です。

あなたは最近、子どもたちの前で思い切り笑いましたか？

このことをもう一度振り返ってみてはいかがでしょうか。何気ないやりとりでもいいのです。自分も子どもたちも思い切り笑える場面をつくり出すには、クラスの子のエピソードに限ります。

朝や帰りの時間など、子どもたちに先生からのお話をします。授業の前に、ちょっとだれているなあと感じたときも、ミニエピソードで空気を変えます。

（五時間目が始まるときに子どもたち、少し疲れている様子）

T　さっきの昼休みすごかったわ。

C　え？　なに？
T　もう驚く子がいたんよ。
C　だれ～？
T　驚くよ。
　（子どもたち、もうこの時点でかなり食いついている）
T　鬼ごっこしてたやん？
C　うんうん。
T　森野君ね、先生が鬼のときすごいよ。先生が追いかけたらどうやって逃げると思う？（ここは豊かな表情で子どもたちを見回しながらゆっくりと切り出す）。
T　何とね〝ヘイベイビー～～～!!〟って言うねんで！　先生に！　先生に!!!」
C　（爆笑）

　調子に乗って脱線してしまうこともしばしばですが（笑）、何気ないことでも話し方、間の取り方や表情の使い方で大きな笑いに包まれる空気を創り出すことができます。クラスの子は「先生、もうやめて」とおなかを抱えながら笑っています。

　ベースは「笑顔」と「笑い」。これです。

常に遊び心を持つ

14

「遊び心」を最大限発揮できる仕事かもしれません、教師という仕事は。

「遊び心」を駆使できるから続けていられるのかもしれません。

子どもたちに「遊び心」はありません。それは、子どもたちにとっては「遊び」は〝王道〟であり、主たる路線だからです。

大人は残念ながら「遊び」を王道に生活していくことが難しい存在です。

しかし、教師はまだ「遊び心」を生活の中に宿しやすい職業だと思います。

では実際の例を。

三年生の子どもたちと行った実践です。学校の文化祭で、「占いの館」を開店しました。

三年生の子どもたちが、真剣に当日お店に来てくださったお客さん相手に「占い」をするのです。お客さんは学校の子どもたち以外にも、保護者の方、地域の方、幼稚園の子たちと様々。まさに即興の言語力と反射力が試される、非常に学びの多い時間となりました。

占いの種類は、五種類。「水晶玉占い」、「おみくじ占い」、「双六占い」、「手相占い」、「おはらいコーナー」です（ちなみに「おはらいコーナー」は何かって？　その場所で頭を下げると「きえぇぇぇぇ！」っておはらいに使う〝おおぬさ〟をふってもらえるのです。それだけ）。

「水晶玉占い」は、まさに即興。全てがアドリブです。やりとりを少し……。水晶玉占いのところに一人の女性のお客さんが来られました。

子ども「あなたの悩みは何ですか？」
お　客「う～ん……。体重が減らないことです」
子ども「ジョギングを毎朝すればいいと思います」
お　客「運動が大事やということですね。なるほど、なるほど」
子ども「食べ物をよく噛んで食べてください」
お　客「噛むことが大事と……」
子ども「噛むことが大事です。歯ごたえがあるものを食べると自然に少しずつ体重が減ってくると思います」
お　客「素晴らしいです！（感動）これから深く心がけていきます。ありがとうございました」

私は横でVTRを撮っていたのですが、もう面白くて微笑ましくて最高でした。子どもたちは占い師としてお店を経営（？）しているのですが、楽しみながら、必然的に「言語力」が鍛えられるのです。

文化祭も使いよう。マンネリ化した出し物を回避し、新しい出し物を開拓することで、子どもたちも教師も新しい楽しみと、効果を得ることができると実感しました。

100円ショップで占い師の道具は全て揃う！
常に遊び心と工夫だ。

実際の占い師さんの様子。スタンバイしております。素晴らしいビジュアルでしょ?!

15 トコトン突き抜ける

私は学生時代にキャンプリーダーをしていました。そのときに勝負をかけていたのが「キャンプファイヤー」です。全ての力を最終日の夜の燃え盛る炎の前で出し尽くします。そのときに行うのがリーダーの出し物です。その中でもウンチャカ星人の出し物は、私のもっとも好きな出し物です。

上の写真は、二〇一〇年に教師として引率した自然学校四泊五日の最終日の夜に登場したウンチャカ星人たちです。終わった直後で、とても充実した顔をしています（笑）。子どもたちには絶対に正体を明かしません（右側の白アフロが私です。笑）。一緒に行ったのは隣の組の先生。私よりも年下で、初めての挑戦でした。そして……こんなことになってしまいました（笑）。

前日の夜、夜中の二時までかかって特訓です。その様子をビデオに撮ってまた楽しんでしまいました。

《真夜中の打ち合わせ室にて……》（1号は森川、2号はパートナーの先生）

ウンチャカ星人1号「よ～し、ウンチャカ星人2号、今から地球での特訓の始まりだ。ちなみに今の時間は夜中の十二時だ！（二人爆笑）。セリフは短い！　簡単に覚えられる！　忘れるなよ！　あとはアドリブだ！」

ウンチャカ星人2号「えっと、構えはこんな感じでいいんですかね？」

ウンチャカ星人1号「よし、そうだ。腰はもう少し落としてこんな感じで、こう！」

ウンチャカ星人2号「こ、こうですね」（まだ慣れていない2号、素に戻っている。笑）

ウンチャカ星人1号「しゅうご～う！」（かけよるウンチャカ星人2号）

ウンチャカ星人1号「私はウンチャカ星人1号であ～る」

ウンチャカ星人2号「2号であ～る」

ウンチャカ星人1号「…………」

ウンチャカ星人2号「忘れてるやないすか！」

ウンチャカ星人1号「君たちがもう明日帰ってしまうと聞いて、いてもたってもいられなくなってここに来た。今から君たちにとっておきのウンチャカ星の踊りを教える。教えてほしいかは関係なく教える！どうした2号！疲れているやないか！」

（二人の練習は続いた……）

このようなことを何度も経験していて言えるのは、「突き抜けよ！」ということです。怖いものなし！の精神です。**教師には舞台度胸とでも言いましょうか、ここぞというときの度胸、精神力が必要なときがあります。**こういうときの鍛錬が、日頃の授業にも実は生きているのではないか、そう思うのです。

最後に……。実は上の写真はこの写真のときから四年後の写真です。

「同じことしている！」

そう。同じことをしているのです。私は。ぶれていないのですね（笑）。

やるからにはトコトン。突き抜けるほどに。

16 審美眼を磨く

自分自身の魅力、考えたことがあるでしょうか。教師としての自分を子どもたちはどう思っているのだろうか。自分は子どもたちにとって魅力的なのだろうか。私たちはこの問いをずっとこれからも続けていくのでしょうね。

さて、教師という仕事は、感性豊かな子どもたちに接する、という仕事です。自分自身が常にアンテナを高め、感性を磨き続けなければなりません。感性豊かな人は魅力的な人です。

そのために色々なものを見る。色々なものに触れる。美味しいものを食べる。美しい景色を見る。日頃乗ったことのない乗り物に乗る。美術館に浸り、名画を鑑賞する。博物館に行く。綺麗な曲を聴く。心震える舞台を鑑賞する。映画を観る。歌を歌う。プロの噺家の〝しゃべくり〟を体感する……。まだまだありますが……。

そうすることで自分の中の「審美眼」が磨かれていきます。

「審美眼」という言葉。私はこの言葉が大好きです。

かの文化人、北大路魯山人の展覧会が北海道の帯広美術館で行われており、旅の途中で立ち寄ったことがありました。そこに、魯山人の生き方についてこの「審美眼」という言葉がありました。

魯山人は自身の開いた「星岡茶寮《ほしがおかさりょう》」という高級料亭の料理人の求人広告に、次のような文章を書いています。

（前略）応募の資格。日本料理に限らず美的趣味を持っている人。絵画、彫刻、建築、工藝等藝術に愛着を持ち、今日迄食物道楽で変人扱いを世間から受けた位の人。（『星岡』昭和九年二月号）

「没後50年北大路魯山人展」図録より

教師という職業も、「審美眼」を磨き続けなければならない存在です。いや、人間として生まれてきたからにはそうありたいと私は思います。

「人生を深めていく心がけ」このことを意識すれば人生が楽しくなります。

さて、そのようにしていると、だんだんとあなた自身をあるオーラが包み始めます。

〝楽しくてたまらないオーラ〟です。それは前向きのエナジーです。それは「感性」です。

〝楽しくてたまらないオーラ〟に満ち満ちているあなたになりましょう。

毎日充実した心の状態でニコニコ顔で子どもたちの前に立ちたいものです。

「楽しくてたまらないオーラ」は、「審美眼」を意識し、さらに毎日の生活の仕方を少し意識することでたまってきます。

好奇心旺盛に色々な場所に出かけていきましょう。色々なものを食べましょう。色々なものを聞き、感想を話し、文に書きましょう。

教師という仕事は自分の経験したあらゆることを生かせる仕事です。

〝そのとき〟は生かせる！と思っていなくてもいいのです。熱中して楽しんで……。でも、必ずそれが何かの場面で生きてくるのです。

「遊び」は「学び」です。「審美眼を持つ」とは、教師自身が「貪欲な学び手」として子どもの前に立つ、ということです。

17 貪欲さを持つ

「元を取る」という言葉を関西人はよく使います。

「まあ、これで元取れたからええわ」と自分の中の落としどころを見つけます。

目の前の子どもの様子から、貪欲に元を取りましょう。

私自身が意識していることですが、担任している子どもたちからは実に様々なことを受け取っています。しかし、意識していないと気づかないことも多いものです。そんなときに、「今日は元取れたかな」と自分が教室に一日いることの意識を明確に持つとよいです。

そうすれば見えてくるものがあります。例えば……。

・「雑巾をかけてきなさい」では、子どもが雑巾かけに雑巾を乗せるだけでまた落ちてしまう。それではだめだなあ。じゃあ、「雑巾を洗濯ばさみでとめてきなさい」と言わなければなあ。
・板書は少し大きめに書いたほうがいいなあ。

・あ！　給食の時間を有効活用すれば「ごちそうさま」の前に会社活動ができるなあ。
・よし！　テストして、そのまま答え合わせして、成績記録までしてしまおう。
・子どもたちは作文を書くとき、ほんの少し言葉がけを変えるだけで、これだけノって書けるのだなあ。メモしておこう。

貪欲であることで、様々な「気づき」があります。

また、「元を取る」という意識は、様々なことを人より余分に吸収できることに他なりません。

例えば、葉加瀬太郎さんのコンサートに私は毎年行っているのですが（ファンクラブにも入っています。笑）、その演出やＭＣからも自分の仕事に活かせることがあります。

「１／２成人式の演出にこれを活かそう」とか、「このような話し方は面白いからいただこう！」といった具合です。

「貪欲さ」は楽しいですよ。

18 敏感さを磨く

子どもたちの動きに敏感に反応できる身体を育みたいものです。

子どもを見せしめで怒る人はなかなか敏感な人にはなれません。

「あ、今あの子、手を挙げようとしたな」と感じ取れるのが〝教師の敏感さ〟です。

「今は頑張ろうとしているから注意したいことがあるけど黙っておこう」と気遣えるのが〝教師の敏感さ〟です。

常に子どもたちの素振り、つぶやき、ちょっと日常とは違った動きを感じ取れる心を磨いておかなければならないと思います。

例えば、黒板に文字を書くときは意識の半分を黒板に、もう半分を子どもたちに送っています。

例えば、一人の子が教師に注意されている場面。そのとき、教室のどこからかボソッと、「またやわ」とか、「アホやなあ」というような小さな声、つぶやきが聞こえてくることがあります。それを絶対にスルーしてはなりません。「叱るのは先生の仕事、仲間が怒られているときは〝頑張れ〟と思って黙って聞いている。そして、その後は励ましてやるんだ」ということを指導します。

「どこからかのボソッ」を放置し続けていると、各々自分のことしか考えない粗野で粗雑な学級集団になってしまいます。

一人を注意するときも、意識は全員なのです。

では、敏感さを磨く具体的修業とは。

それは「メモをすること」です。自分の子どもへの気づきを、教室での気づきをメモしていく行為こそが、自分の「敏感さ」を磨くための修業なのです。

19 〝こだま〟する

金子みすゞの研究者で、作家の矢崎節夫さんの講演をきく機会がありました。そこで印象に残った宝物の言葉があります。

「子どもはきちんと〝こだま〟してくれる大人に育てられること」

子どもが転んで「痛いよう」と言ったときに、「痛いね」というか、「痛くない」というか。あなたはどちらでしょうか。似ていても全然意味は違いますね。

二〇一一年三月一一日に東北をおそった震災と津波。阪神淡路大震災を直接経験している私にとっても、もちろん人ごとではありませんでした。そのときに公共広告機構のＣＭ「こだまでしょうか」が毎日のように流れていました。金子みすゞさんの詩です。そのことを取り上げて矢崎さんは話されたのです。

子どもは一緒に「痛いね」と言ってくれる先生が好きです。

「痛くない、はやく立ちなさい」と言われるとますます悲しくなります。

矢崎さんは、大人は「こだまを忘れて自分の言いたいことを先に言っちゃう」と表現されていました。その通りだと思いました。そして、「私とあなた」ではなく、「あなたと私」なのだと。


私たち教師は子どもたちがいるから教師なのですね。

子どもたちに毎日毎日「先生！」と呼んでもらうから先生でいられるのです。そう考えると、謙虚になれます。子どもたちに先生にしてもらっているのだ、ということ。そのことを毎朝頭に思い浮かべたいと思いました。

子どもの投げかけに一つ一つ真摯に反応しているか、リアクションしているか、とても大切なことだと思います。

その基本がまず「こだま」なのです。「子どもを説得すること」「子どもを指導すること」「子どもを叱責すること」の前に、意識することがあるのです。

お互いいつも「こだま」できる身体《からだ》でいたいですね。

よい鈍感力をまとう

20

渡辺淳一氏のベストセラー『鈍感力』には、次のようなフレーズがあります。

鈍感、それはまさしく本来の才能を大きく育み、花咲かせる、最大の力です。

教師という仕事はメンタルが強くなくてはできない仕事だなあ、と思うことがあります。そうそう簡単にはへこたれることはできません。
毎日三〇人前後の子どもたちに囲まれているということは、三〇人前後の子どもたちの〝テンション〟に囲まれている、ということになります。
子どもたちの中には教師に対して辛辣な言葉をかけてくる子もいます。なかなか注意してもなおらない悪癖を持った子もいます。

三〇人いたら、三〇通りの家庭で育っているのです。様々な環境があります。

教師だけの努力ではなかなか改善できないこともあります。

そういうことも頭に入れて、「よい鈍感力」は必要です。

まあ、何とかなるさ。

明日また出直そう。

子どもの変化、反応に対しては教師は〝研ぎ澄まされた繊細な感度〟を持つべきです。

鈍感ではいけません。

しかし、その上で大きく構える鈍感力も大切です。

カリカリしない鈍感力です。

自分を追い込まない鈍感力です。

明日、また歩いていける「よい鈍感力」です。

21 嫉妬される仕事をする

さて次の鈍感力です。

それは教師の人間関係。

頑張っていると足を引っ張られることがあります。私も最近、若い先生から相談を受けたり、話を聞いたりします。

取材依頼を管理職の先生に断られた。

研究会で発表することを禁止された。

研究会で実践発表をしたら呼び出されて注意された。

教育雑誌論文掲載をよく思われない。

枚挙にいとまがありません。

頑張っている先生の足を引っ張ることに何の意味があるのか、と思います。

しかし実は……何の意味もないのです。あるのは、

気にくわないから。

これです。とどのつまり、人は「好きか嫌いか」で生きています。「あんなに活躍して気にくわない」「面白くない」……。人間ですから、このように思う人はたくさんいるのです。嫉妬です。やっかみなのです。

私たちはそんなことに屈している暇はない。

ただ、学校によって配慮しなければならない様々な理由がある場合は別です。

そして、包容力のある先輩や懐の大きい管理職の先生もおられます。

もちろん自分自身の日頃の仕事ぶり、態度、そのようなことも関わってきます。謙虚な心、真摯な態度が必要なことは言うまでもありません。

自分のミスを指導されたときは、反省すべきはきちんと反省し、直していかなければなりません。

今取り上げているのは理不尽な場合の話です。

もし自分が精一杯職場で頑張り、学校のために尽力し、子どもたちのために努力し、教師人生の真ん中を生きているのなら、何ら気にすることはありません。

ここで、「鈍感力」です。

こういうことにいちいち反応していては身が持ちません。

「鈍感力」でもって、スルーしていきます。

私も色々と頭を悩ませたことがあります。やはり「動くと目立つ」のです。

しかし、どうせなら足を引っ張る側ではなく、足を引っ張られる側になりたい。

嫉妬する側ではなく、嫉妬される側になりたいと思っています。

嫉妬している人、理不尽なことでいじめてくる人は今が幸せではないのです。自分が不幸せだと気づいているのです。

今が幸せな人は、人の足を引っ張るという発想は浮かんできません。

今が幸せな人は、人に大きな拍手を送ることができるのです。

さて……。今困っている先生、これからは**「俺も足を引っ張られるくらいになったか」「私も嫉妬されるようになったんだ」と思ってください。**

そしてさらにさらに輝いて、子どもたちにとって価値のある教師になりましょう。歩みを止めてはいけません。一緒に輝いていければと強く思います。

22 図にのる才能を持つ

「図にのる才能」とは、前項と同じく『鈍感力』の中に出てくる言葉です。

渡辺淳一氏は本の中で、画家のAさんの話を紹介しています。Aさんにどうして画家になったのかを質問した際、Aさんは「褒められると頑張る、という、この二つが歯車のように回転して、気がつくと画家になっていた」と答えられたそうです。小学校のとき、Aさんの隣の家のおばさんが絵を描いては褒めてくれるので調子にのってますます絵を描き、また褒められる……の繰り返しで画家になっていたそうなのです。

このことを挙げて渡辺さんは「単純に図にのる才能を持っていた」と書いています。

調子にのる、図にのるというとあまり聞こえがよくないように思われがちですが、これは一種の暗示です。

教師の期待によって成績が上がる、という「ピグマリオン効果」にも通じるものがありそうですね。

子どもたちを程よく「調子にのらせる」ことも大切ですし、教師自身が「図にのる」ことも大切です。

うまくいったときにほどよく図にのる。

成功体験を次に生かすために調子にのっておく。

これらを具体化するなら、子どもたちの頑張ったエピソードを学級通信に大々的に書く、自分のうまくいった実践を仲間の先生に話す、などが考えられます。

実践発表も、研究発表も、言うなれば「図にのって、調子にのって」してしまうくらいの意識でよいのではないでしょうか（もちろん謙虚な姿勢で世に問うのですが……）。

自分をブレイクスルーさせるために「図にのる才能」も時には必要では？

23

あこがれの先生を見つける

どの仕事でもそうでしょうが、「あこがれの存在」を早く見つけた人は強い。

その人を追いかけ続けます。そして、

—その人なら何と言うか。

—その人ならこの場面どうするか。

—その人ならどれを選ぶか。

と、自分が悩む場面でことごとく考えていくのです。

思考のシンクロをはかるわけです。

そうして真似をしているうちに実際にその人に近づいていきます。その人の考え方ができるようになってきます。

勝手にメンター（師匠）を持つのです。

そして、もしそのあこがれの先生（人）に会うことができたなら、それを宣言してしまえばいい。

「先生の追っかけをしています。どこまでもついていきます！」と。

実践は元より、あこがれの先生の持ち物、好きなことなど、様々なことを真似してやってみる、取り入れてみるというのは面白いですよ。

何でも最初は真似から入るもの。

次第にその人のよさを取り込んだうえで、自分のよさが滲み出てくるのです。

明日を味方につける

24

ただ希望を持て、という話ではありません。

今日、クラスのA君にいつもと変わらぬ注意をした。どうして変わらないんだろう。なかなかわかってくれない……。時にはもういい加減にしてほしい、などと思ってめげそうになることもあるかもしれませんね。

しかし、次の日。**突如としてA君に〝安定〟が訪れることがある**のです。昨日のことは何だったんだ、という感じです。そして、次の日また手のかかることになる……そのような繰り返しなのです。

つまり、その日、そのときの状況で激しく感情を揺さぶられる必要はないのです。

明日、とってもいいかもしれない。

明日、忘れ物がないかもしれない。

明日、とっても素敵な発言をするかもしれない。

私自身がこのようなことを何度も体験しています。今日注意しまくっていたB君が、次の日、私が腰を痛めて歩くのが大変だったときに肩を貸してくれたこともあります。悲観的になってはいけないのです。リアルに、今日最悪だった状態が、明日になると嘘のように改善することもあるのです。**子どもたちに対して、「こういう子」という認識は危険**です。

実はやさしい心を持っている。

実は妹思い。

実は家では苦労している。

実は繊細な心を持っている。

実は寂しがりや。

実は……。

子どもたちは様々な「実は……」を持っているのです。何度注意しても、何度叱責しても、何度生徒指導で呼び出しても、やっぱりその子のよいところ、その子の「実は……」に目を向けていくことが大切なのです。

そのために、「明日」という言葉がある。「明日」でよいリセットができる。

「明日」をリアルに味方につけましょう。

25

タフなメンタルを持つ

絶対に必要なのがこれです。

教師にはふてぶてしいくらいのメンタルが必要です。受け流せるメンタルです。子どもは時として辛辣なことを言います。しかし、それをいちいち真に受けていては身が持ちません。

私も「明日、学校に行くのがつらいなあ」と思うときがあります。体調にも左右されます。そんなときに「まあ、何とかなるさ」と受け流せる人は強いです。

物事は深刻に考えても上手くいきません。

子どもに対しても、たかだか一二歳までのお子ちゃまです。案ずる必要はないのです……くらいの気持ちが大切だ！ということです（実際には悩みますし、考えますよ）。しかし、毎回毎回悩んではいけません。精神衛生上よくありません。

職場関係でも理不尽なことは起こります。

私が一番苦手なのは、「人に気を遣わせる人」です。機嫌のいい・悪いがもろに出る人のことです。お天気者とも言いますね。「ああ、今日機嫌が悪いんやわ～」と周りに思わせている。または話しかけたら何だかぶっきらぼうで、無愛想。

こういう人にはできるだけ近づきたくなくなるのが正常な反応です。そして残念なことに、こういう人には周りの人はペコペコします。だって機嫌を損なわれるのは嫌ですから。それで当の本人はますます傍若無人になっていくのです。

仕事場では全員「プロ」なのですから、少なくとも人に気を遣わせるようなことではいけません。この線だけは守らなければなりません。

さて、「メンタル」です。こういう人からの被害を少なくするには、気にしないこと。これにつきます。「無愛想に振る舞われた」→「ああ、今日は残念モードなんだ、放っておこう」の回路です。いちいちこういう人に振り回されていては身が持ちません。「その人が自分に目も合わせない」→「深く考えない」。これです。

ひと言で言うと、「追わない」ということです。

周りが全員気を遣って、本音で接してもらえないのは不幸なことですよね。

翻ってあなたはどうでしょうか。

同僚にではありません。子どもに対してです。

子どもに気を遣わせてはいませんか？「ああ、今日先生機嫌悪そうやなあ」と思わせていたら、それは非常に不幸な状態です。

どんなにむしゃくしゃすることがあっても、どんなに嫌なことがあっても、対子どもへのスタンスを変えてはいけません。何もいつもテンション高くいる、ということではありません。

「笑顔でいる」こと。

「やわらかくいる」こと。

「落ち着いている」こと。

私も日々心がけようと思います。

26 ネバーギブアップの心を持ち続ける

「あきらめたらそこで試合終了ですよ」とはある有名なマンガの名ゼリフですが、教師があきらめたら、子どもにとってはそこで終了です。

これはゾッとしませんか。

私たち担任や担当の先生が「もう無理」となってしまっては、子どもたちのその先はありません。

とかく授業においては何とかしたい、という気持ちを持ち続けていたいものです。

「何とかしたい」という気持ちと、いきなり結果を求めることとは違います。

「何とかしたい」は「ネバーギブアップ」ということです。

「何とかしたい」は、コツコツコツコツその子と一年後に別れるまで同じことを続けることです。

淡々と、粛々と毎日毎日同じことをその子にアプローチし続けることです。
ネバーギブアップの心を心の隅に置いて、目の前の子たちと別れるその日まで一緒に歩き続けるのです。
それしかありません。
最後に、歩き続けた先には「ギフト」が思わぬところから来ます。
それは子どもの呟きであったり、
九九が言えるようになったことであったり、
忘れ物が減ったことであったり、
小さな短い子どもからの手紙であったりします。
そこで、「ああ、幸せやなあ」と教師は思えるのです。

Chapter1　習慣にしたい教師のアイテム＆思考術

Chapter2

習慣にしたい教師のための自分磨き

Chapter3　習慣にしたい教師のための読書術

27 気づきのカウンターを更新する

毎日何か書くと、自分を変えることができます。

「文章を更新する」ということは、「自分を更新する」ということです。

授業記録しかり、ブログしかり、フェイスブックしかりです。

ブログなどは、ネット上にアップしないものでもいいのです。言うならば「オフラインブログ」です。

仕事から帰って最初にパソコンを開く人なら、パソコンのデスクトップ上に「日記」のアイコンを作ります。パソコンを使わない人ならノートやメモ帳でもかまいません。

何でもよいので何かひと言でも書き留めるのです。名づけて「気づきのカウンター」を更新するのです。何でもいいから毎日のように書きましょう。

「書き癖」をつけるのです。

書くことが苦手な人や書くことが億劫になる人は、いきなり色々書こうと思っても長続きしません。まずはひと言でもいいから何か書き、書く習慣をつけていきます。

さらに、書くことで意識が明確になっていきます。何にでも当事者意識がもてるようになってくるのです。それによって何がもたらされるか……。それは**「気づき」の量が圧倒的に違ってくる**ということです。これは実行してみれば実感できます。

「学ぶ」ことは「気づく」ことです。気づきをたくさん生み出すことこそが、大人の学びです。

そのような体質になるためには、「書くこと」が一番です。

書いていると、そこに意識の楔を打っていることになり、何でも当事者意識を持って考えるようになります。

なぜ、そのルールがあるのか。

なぜ、これを教えるのか。

なぜ、子どもたちが動かないのか。

気づきを生み出しやすい〈体質〉になるために、毎日のように何かしら気づいたことを書きましょう。

実際に行うときですが、例えば、毎日の「ひと言日記」を「気づき日記」として書くときに、箇条書きで番号をつけて書きます。

「気づきのカウンター」

五月二二日（火）

①子どもたちにはやはり笑顔

②つい怒鳴ってしまった。反省。

③体育はやはり運動量。跳び箱の片づけに再考の余地あり。

④スピーチの中に「足かせ」を入れて話させるとよい。「接続詞スピーチ」など。

のように、バラバラのジャンルで一気に思いついたままを書きます。

この日の「気づき日記」は、全部で五つ。この個数を一週間単位でカウントするのです。

そうすると、一週間で四〇くらいの気づきがカウントされるかもしれません。

一ヶ月で一五〇以上の「気づき数」になります。まとめてプリントすれば、学びの蓄積となります。**一年間の気づき集を簡易冊子にすれば、目に見える自分へのエールと、「日々を無駄に生きなかったなあ」という何とも言えない充実感と満足感を得られます。**

「番号をつけての箇条書き」は子どもたちにもさせているのですが、何個書いたかと具体的にカウントされていくことでやる気が出るのが最大のメリットです。数字がたまっていくという単純なことですが、それだけで不思議とやる気や達成感が味わえます。

書き癖をつけるための「箇条書き」での「気づきのカウンター」、オススメです。

28 メモ癖をつける

メモ帳を携帯しましょう。いつも何かあったらメモする癖がついていることは、人生の大きなアドバンテージです。教師人生を楽しく、知的に生きていくためにメモ帳とメモする行為は大いに役立ってくれます。例えば、書いたメモ帳はそのまま「雑学帳」になります。思いついた授業プランを走り書きすれば「ネタ帳」になります。

メモを取ることのメリットは様々あります。

①「意識」が変わること
②「気づき」が倍増すること
③「気づき」が風化しないこと
④忘れられること

①は、メモを取る行為自体がその人の意識を変えていきます。アンテナが立つ状態と言い換えられます。無意識のうちに子どものつぶやきをキャッチしていくイメージです。そ

れは、何度も何度もメモすることで、そのようなことをキャッチする回路が身体の中にできあがるのでしょう。

次に②ですが、様々なことをキャッチできると、その都度自分の「気づき」も増えていきます。メモには思いついたアイデアもどんどん書いていくので、いつも脳が新しいアイデアに対して〝アイドリング状態〟となります。

そしてそれがまたメモに書かれることになり、③の風化しない、させないということにつながります。

④は、とりあえず書いておくことによって安心して（?）忘れられます。これが大きい。ストレスがたまりません。

メモを取ることは、ただ記録しておくということ以外に、その本人の意識すら変えてしまう大きな効用があるのです。

29 何でもどこでも書く

メモには何でも書きます。得た情報はメモ帳に一元管理していれば、後から探すのにもストレスがかかりません。メモを時系列に見返していけばよいのです。

メモは、これ！と思ったときに書きます。「とりあえず書いておこう」という意識を持っていて後でよかったと思うことがたくさんありました。「時刻表の写し」や「アイデア」、「聞いていいなと思った言葉」「購入予定の本の名前」「子どものつぶやき」など、何でも書きます。だからこそのメモです。

子どもたちが発した宝石のつぶやきは、なかなか一日の終わりまで覚えておけるものではありません。

教室でもメモします。「あ、先生またメモしてる」と子どもたちは言います。教師が子どもたちの前でメモするところを見せることはよいことです。子どもたちにはメモを取りなさい、勉強しなさいと我々教師は言います。そんな先生がメモしている姿には説得力があります。

そのために、当たり前のことですが、メモ帳はいつもいつも持ち歩きます。財布とメモ帳とペンはセット。ポメラやアイパッドがいかに便利でも、やはり、立ったままでアナログでサッと書けるメモの手軽さにはかないません。いつもいつもとにかく持っていくクセをつけましょう。

30 居酒屋では書きながら飲む

居酒屋でメモしている人、なかなかいませんよね（笑）。

しかし、**研究会の二次会や懇親会の席こそ「とっておき情報」を入手できる場所**です。ここでの気づき、学びをメモに取らない手はありません。

私は若い頃から、居酒屋に入る前にスーツの胸ポケットのメモ帳を確認してから席に着いています。そこで、講師の先生の貴重な話が聞けたらすかさずメモです。

さてここからが肝心。**メモの効用をきいて「メモします！」という威勢のいい人はたくさんいるのですが、実際にメモをする人はほぼいません。**

だから〝差がつく〟のです。居酒屋でまでメモする人がいないからこそ、競争率が低いのです。

琴線に触れた言葉を片っ端からメモします。それを「習慣」にまで落とし込んでいくのです。

「書かなければ」から「書いていた」への飛躍が生まれるとき、「学びの行為」は、「義務」ではなく「権利」となります。

メモを取られて嫌な気がする人はあまりいません。むしろ、目の前で自分の話をメモを取りながら聞いてくれる人には、ますます何とかしてよい情報を伝えようと思うものです。居酒屋でメモしようとしている自分に気づいたら、夢実現の大きなスタートラインに立ったも同然なのです。

31

メモ帳を宝物にする

右は実際のメモ帳です。メモ帳には一〇〇円ショップで売っている透明カバーをつける

と便利です。そこにチケットや、ちょっとした資料を挟み込むことができます。表紙は無地なのでデザイン自由。私はそれも楽しんでいます。

上の写真のように、随分とたまったメモ帳は私の宝物であり、人生の記録です。

次ページからは「モリカワメモ」の中身を少しご紹介しましょう。

かの宮沢賢治は、花巻農学校の教師をしていた頃、感動したことや詩的心象を即座に手帳に書き留めたといいます。そこから後の様々な作品が生まれました。

授業や子どもに話すネタも、日頃から意識し、アイデアが浮かんだときに即座にメモできる自己内の環境をつくることでたくさん生まれてくるものだと思います。

〈学生のときのメモ帳の中身〉

学生のとき、「教師になったら〜しよう」と考えるのが楽しくて仕方なかった。そのためにメモすることは当然の流れであり、私にとっては「遊び」だったのだ。

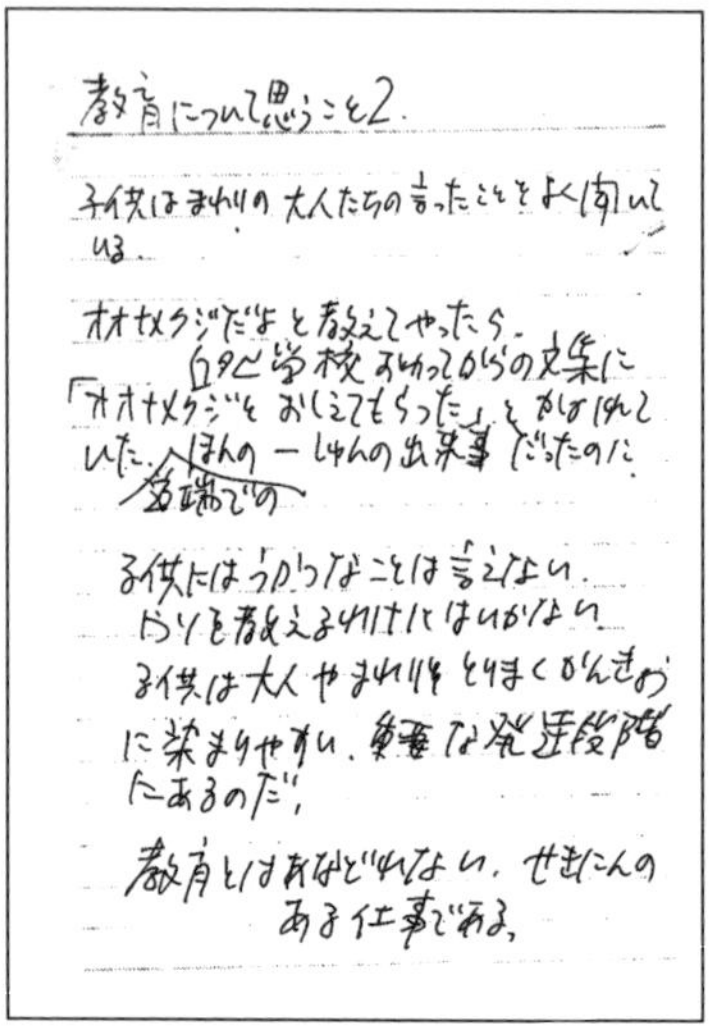

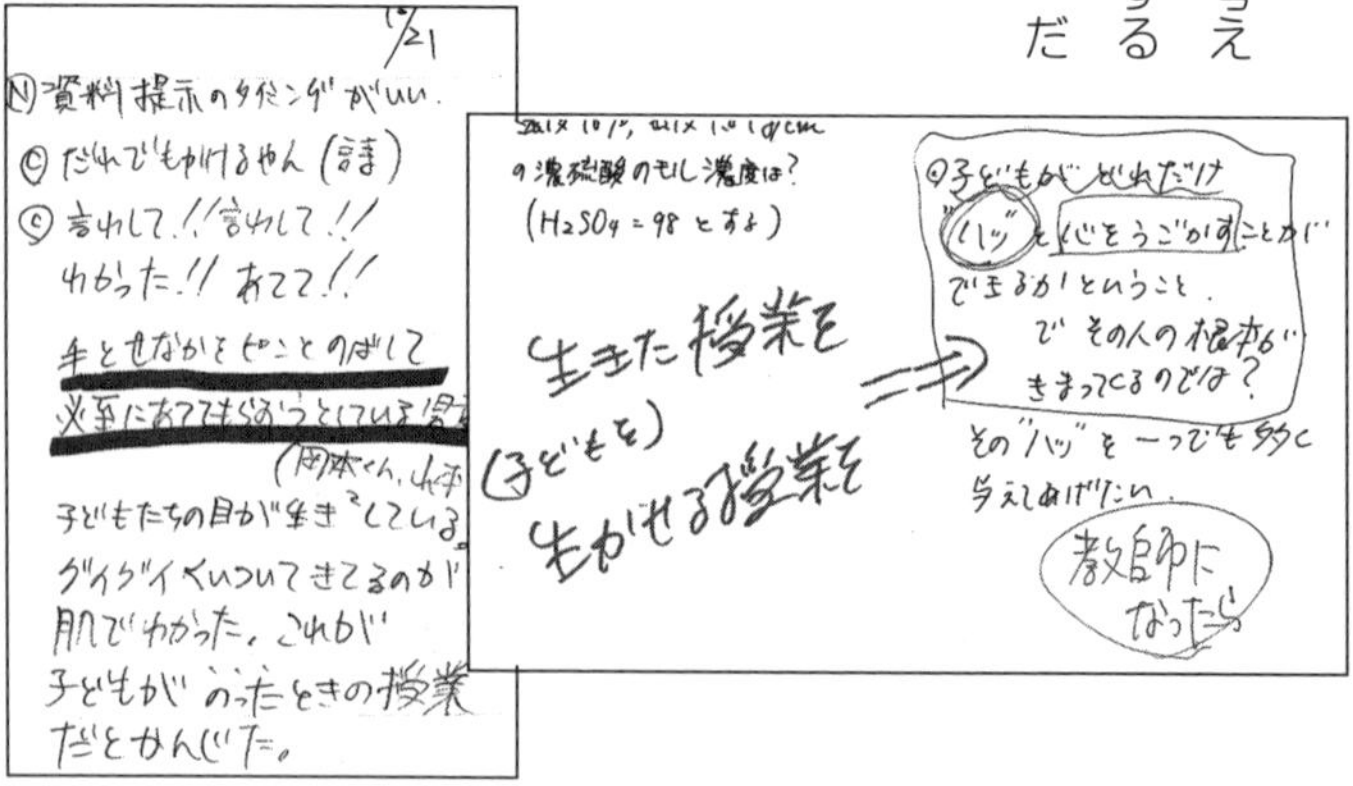

〈教師になってからのメモ帳の中身〉

学校で開かれる観劇会などはメモをする絶好の場。必ずメモ帳持参で参加した。研究授業を見ているときもどんどん発想が沸くのでメモするチャンス。

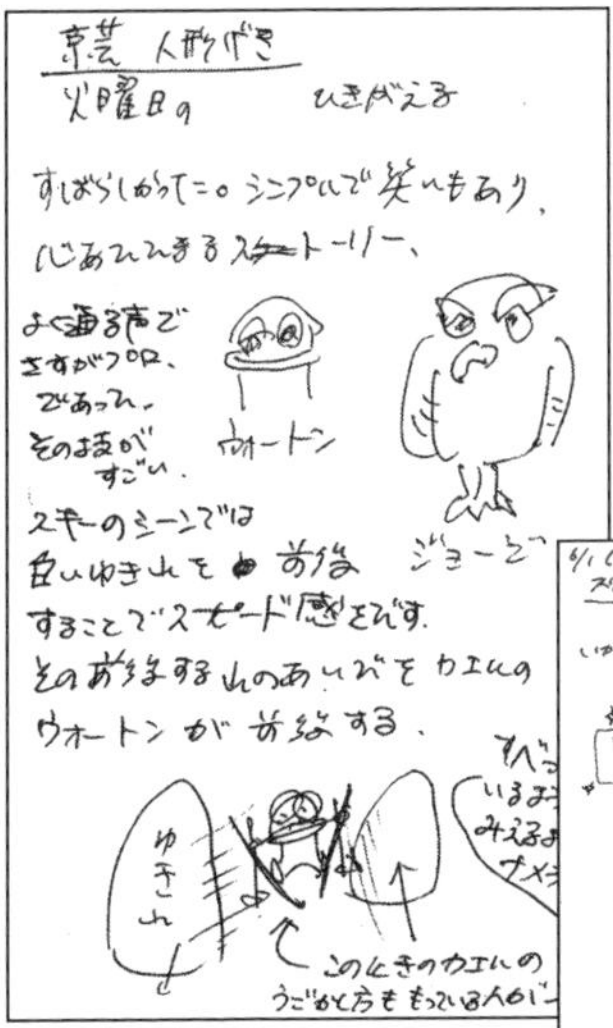

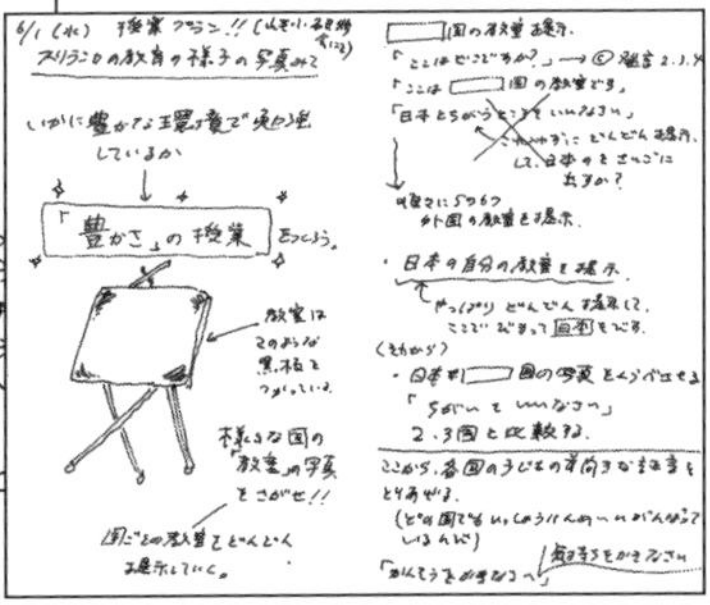

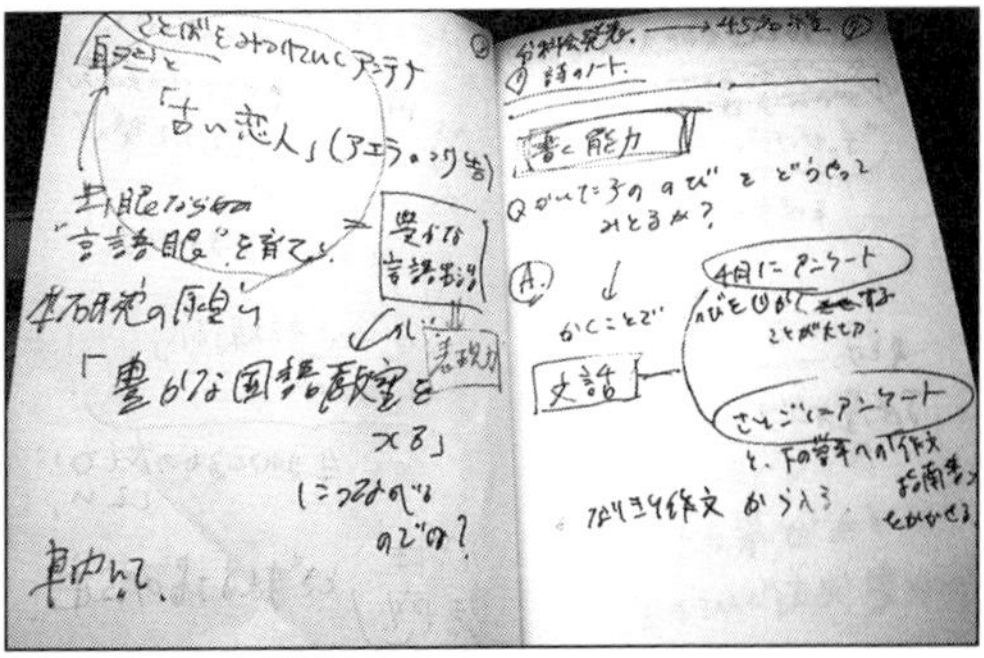

面白い言葉やフレーズを見かけたらその場でメモ。使うか使わないかは関係なし。これらも懐かしいメモ帳の中身。メモ帳は当日の自分を知る記憶のハードディスク。

32 教材研究は三度の下ごしらえをする

教師にとっての生命線である「授業」。その授業の教材研究が楽しくなれば、授業に挑む気持ちも変わりますし、教師としての生活がとっても楽しいものになります。日々の授業は正直しんどいこともたくさんあるし、上手くいかないほうが多いのですが、それに悲壮感を抱くのではなく楽しんでしまえ、ということです。

さて、一つの教材をとことん分析してみる。何でも「やり過ぎる」と、「面白さ」が見えてきます。

国語の教材研究です。『大造じいさんとガン』の教材研究をします。その際、まず教材文を三つ用意します。その教材文は自分で打ち込んで作るのが一番よいと言われます。物語をしっかりと自分の身体の中に刻み込むことになりますから。

しかし、そうはいってもなかなかそのような時間も取れない場合がほとんど。その際は、当然コピーになるわけです。コピーするときは周りに余白ができるようにコピーします。

教科書は見開きB４なので、コピー機のA３モードで取れば余白ができます。

三つの教材文は次のように使います。

《一つ目の教材文》自分の思ったことをどんどん書き込んでいく用

《二つ目の教材文》指導事項に関わる部分に線を引きながら書き込んでいく用

《三つ目の教材文》子どもの初発の感想を書き込んでいく用

三つ目の補足ですが、私は子どもたちに初発の感想を「出会いの感想文」と呼んで書かせています。その書いた内容を授業に生かします。子どもの感想の中から「これ！」というものを教材に書き込んでおく、ということです。

〝勝負単元〟はこのように**〝下ごしらえ〟**を三回します。**そして授業に〝かける〟ものを絞り込んでいく。**

三つの使い方は単元によって変わることもあります。「表現技法だけを書き込んでいく」「色に関する部分だけをチェックする」など、教材によって絞り込む三つは変わります。このように観点を変えてアプローチしておくから、授業に深みが出るのです。

先生の、授業をする際のオーラも変わってきます。**たくさん切り込んでおいてほとんどを捨てるからこそ、深みのある授業ができる**のです。

「作品」意識を持つ

33

基本的に子どもたちは授業に興味がない――。
ここが出発点です。
教科の本質として教えたいことを並べます。
教材の面白みとの絡みを考えます。
これらを教材ノートに落とし込みつつ、最初に戻る。
子どもたちの興味です。
無関心な子どもたちが関心を示してくれるのか。
これらの一連の作業は「授業」意外にも当てはまります。
物作り。
デザイン。
営業。

そう考えると「授業」をつくるって、何だかワクワクしてきませんか。

伝えたいことがたくさんあるけれど、今回はここに絞っていこう。
黒板のここにまずこう書いて、
投げかける言葉はこれがいいかなあ、あれがいいかなあ、
渡す資料はこれとこれ、
映像も入れるか。いや、やりすぎか……。
ここではこう反応するだろうなあ。
この発問は固まってしまうのでは？
この色は見えにくいなあ。

授業をつくるって大変ですが、学期に一つでも「作品」としてできあがったら素敵だなあ、と思うのであります。

34 まずは自分の頭で考える

ある研修会に参加したときのことです。

四年生「ごんぎつね」の研究授業で、一人の子が音読したのですが、ボソボソとクラス中に届かない声での音読でした。

そのときに授業者の先生がかけた言葉は「ゆっくり読めてよかったね」だったのです。

しかし、少なくとも私側にいた子どもたちにはその音読は全く聞こえていません。その先生は授業中に座って授業をされて、**机間巡視をしないので声が届いているかどうかもわからない**のです。

さて授業後の全体会。講師の先生がこのシーンを話の冒頭で取り上げられました。私は何を言われるのかと興味深く聞いていました。そのときの講師の先生が話された言葉が以下です。

「大きな声ではっきりと読むことがよいと思われているけれども、それは間違っています。物語とは縁のない世界になる」

続けてある教材を例に説明をされました。教材の中の〈ぶつぶつぶやきました〉と書いてあるところを取り上げて、「ここを大きな声で読んでいいんですか」と問いかけられたのです。

この話は間違っていないと思います。ただ、大きな視点が抜けているのです。それは、**「音読」と「朗読」をごちゃ混ぜにしている**ということです。この方の言われていることは「朗読」のことです。感情豊かに読む場合です。

「音読」は「朗々と正しく読む」ということです。「朗読」のシーンでいつもいつも大きな声で読むことが正しいわけではありません。

「内容」を考えるシーンで「朗読」をさせるときには、〈つぶやきました〉という文章ならつぶやくように読ませるのです。

しかし、小学校ではきちんと「音読」をさせなければなりません。まずは教材文を正しく届く声で読ませることが大切なのです。そもそもしっかりと「音読」できないような教材を使って、その先を読解していくのは至難の業です。

長くなりましたが、冒頭のシーンに戻ります。

ボソボソと聞こえない声で読んだ児童に対しては、「もう一度届く声で読んでごらん」とか、「はっきり言葉が聞こえないから、もう一回読むよ」と言って先生が範読し、復唱させるのです。

笑顔で、さらっと、でも確実に指導します。

それが教師の仕事です。

「ゆっくり読めてよかったね」ということは、教師の仕事ではありません。それなら通りすがりの人を引っ張ってきても言えることなのです。

研究会や研修会にどんどん参加しましょう。ただ、その際は目の前で見たことに対してきちんと自分の頭で考え、判断していくことが大切です。

まず**自分の考えをもつこと。常に考えていること**。

漠然と眺めている参加に終わらないことです。問題意識を持って参加すれば、研修会はもっとエキサイティングなものになります（笑）。

35 〝記録しながら〟アウトプットする

職員室の先生や、一緒に学年を組んでいる先生に、実践や子どもの話をします。一日を終えた直後がいいです。とにかくアウトプットしておく。

人に説明できたら身についている、と言われます。

学びを、気づきを固定化するために、積極的に実践の話をしましょう。ほんの小さな学級指導場面でもいいのです。

例えば、連絡帳を書かせる場面。このような書かせ方がよかったよ、と話をします。上手くいったことをシェアすることで周りの先生も助かりますし、やはり何より自分の意識が変わります。

そして、アウトプットすることのよさは「話しているうちに整理されていく」ということです。話しながらさらに思わぬアイデアが口から出てくることがあります。ラッキーです。

そこで、さらに詰めるなら、「話しているところをICレコーダーで録る」という行為です。私は話しながら「今の録音しておけばよかったー。何か良いアイデア話したぞ、今」ということが何度もあります。まあ思い出せないようなアイデアは大したことがなかったんだ、と割り切る手もありますが、私は次のようにしています。

「来そうな予感」がする話の前にレコーダーのスイッチを押す。これです。具体的な場面としては、

・研究会や勉強会の後の「懇親会」の場、机上にさりげなくレコーダーを置き、話す前にスイッチを押しておく。

・家で、今日の授業上手くいったわ、と家族に話をする前にレコーダーのスイッチを押しておく。

これらはかなり高度な行為です（笑）。なぜならこういうケースは勢いでどんどんしゃべっているときだから、ほぼ全て話し終わってから気づきます（笑）。

「レコーダーで記録」という思考に常になれるような習慣を身につけたいものですね。

36 勢いよく板書する

丁寧な板書が書けたらいいなあ、と思います。

しかし「勢いのある板書」、これが子どもたちが授業に集中する板書ランキング一位です（笑）。

先生の思い、感情が入り込んだ勢いのある板書も時として必要です。

スピード感ある板書です。

整然と書くことに加え、たまには強調したいことを黒板全面に書いてみる。

ものすごく速く書く。

授業は生きものですから、その先生の雰囲気や、オーラ、そしてそれを受ける子どもたちの空気はクラスによって変わってきます。

それを楽しむのです。

37 コンサート・舞台鑑賞から学ぶ

様々なことに首を突っ込んでみる。

大好きなものを増やす。こんなに楽しい教師修業はありません。

本稿で取り上げるのは「舞台」「コンサート」です。

一流の芸術が舞台の上にはあります。

別に何かをつかみ取ってやろう、という気持ちでＤＶＤや舞台鑑賞しているのではありません。あくまでも趣味です。

舞台鑑賞は私の大きな趣味の一つです。しかし、何でも寄せて考えていくと、これも立派な教師修業になる。楽しい教師修業になります。

授業の間（ま）、子どもとのやり取り、教室の空気づくり、行事の演出。

一流の舞台に触れることで、それらに生かす空気のようなものを感じることができます。

この「感じる」が大切。

例えば、葉加瀬太郎さんの舞台。私はファンクラブに入っているのですが、毎年コンサートに行っています（ファンクラブ歴が長くなってきたのでよい席で観れるのです！）。

二〇一〇年のコンサートでは、最後の舞台のイメージチェンジで驚かされました。コンサートの最後のほうで、「ひまわり」という曲を演奏するとき、気づかないうちに暗闇の中舞台の背景が変わっており、パッと照明がついたら曲に合わせて一面のひまわり畑が現われたのです。大きな大きなひまわり畑の絵。思わず「わあー」とつぶやいてしまいました。やられた！という感じです。

ミュージカル「エリザベート」を見たときも感動しました。「エリザベート」は、オーストリアハプスブルク家最後の妃であるエリザベートの結婚から暗殺されるまでを描いたミュージカルです。その本場ウイーン版のエリザベートの大阪での来日公演を観に行きました。内容は宝塚歌劇版などでよく知っていたのですが、ウイーン版も感動しました。役者さんの演技はもちろんなのですが、舞台演出がまた素晴らしかったのです。馬が出てくる場面は上手く（洒落ではありませんが…笑）、人が入るようにくりぬいた馬のおまるのようなものを使い（すみません。うまく表現できなくて）、雰囲気とコミカルさを出していました。他にも様々な場面で感動の連続でした。

プロ中のプロの舞台からは様々なオーラが出ています。同じ空間でそれを感じることは、楽しみながら教師修業しているのと同じです。自分の中に一流のオーラを取り込む。それだけでも大きいのです。そのうえ、演出や話の間のヒントをもらえる。そのときは純粋に舞台を楽しんでいるのですが、ふとしたときにアイデアとして降りてくるのです。何かをもらえる。

いわゆる**「楽しかった」以外の〝元を取った〟**のです。

舞台を見ていて思うのは、作り手の心意気です。

情熱と、こだわりと、サービス精神。

教師としてできる限りのことを子どもたちにしてあげたい。

思い出に残る一年にしたい、そう強く思うのです。

映画の削除シーンに学ぶ

38

私は映画が大好きです。どれだけ忙しくて映画館は無理でも、レンタルしてきてでも映画は観ます。映画は二時間に凝縮された人生教材シリーズです。

さて、最近のＤＶＤやブルーレイにはたくさんの映像特典がついており、楽しみが倍になった感があります。

その中でも「削除シーン」は観ていて勉強になります。授業を組み立てるうえでの勉強になるのです。

授業の組み立て方、削り方の話です。

具体的な例を二つ挙げてみます。

まず、『オーシャンズ11』シリーズ。現在3まで公開されています。私の好きな映画でいずれもＤＶＤを持っていますが、その中でも「オーシャンズ12」のＤＶＤの削除シーンのことです。

この映画の監督スティーブン・ソダーバーグは、洒落た感じでテンポよくストーリーを進めていきます。観ていてとても格好がいい。

そんな映画でも削除されたシーンを観ると最初からそうでなかったことがわかります。何回も本編を観た後で特典映像の削除シーンを観るととたんにテンポが落ちる気がします。〝ああ、これはなかったほうがいいなあ〟と素人ながらも感じるのです。

内容を少し紹介すると、主人公のオーシャン率いる泥棒のエキスパートたち（オーシャンズ11）。第一作目の映画で彼らに多額の現金を盗まれた悪役が、第二作では盗んだオーシャンズたちを探し出し、返金しなければ殺すと脅します。オーシャンたちは返金のために新たな〝ヤマ〟を踏む、というものです。話の冒頭で悪役がオーシャンズ11のメンバーたちの居場所を突き止めて脅しに来る場面があります。本編ではそこは一人ずつがスピーディーに描かれます。しかし、削除シーンを観てみると、その部分が長いのです。後から削除シーンを見るとわかるのです。本編のほうがテンポがよくて引き込まれます。作り手は、余分と判断した部分はバッサリと削っているのです。

次に、かの『スターウォーズ』シリーズです。エピソード1、2、3シリーズですが、映像特典としてDVDに削除シーンがついています。内容は省きますが、これもやはり

「削除されたシーン」を見ることでその〝削ぎ落とし〟がいかに有効だったか、素人の私にも感じることができるのです。

授業づくりも、たくさんたくさん調べる。

調べて調べて大量に蓄積するのが最初の段階。しかし、それを授業で全て使うのではありません。手持ちの駒をたくさん用意しておいて、これぞ、と思うものを使う。

一〇用意したうち、一を使うから授業に深みが出るのですね。

削除シーン鑑賞は、そういうことを感じさせてくれるものでした。たくさん持っている駒はスパッと捨てる。しかし、この「捨てる」ということが難しい。せっかく色々調べたので、色々子どもたちに話したくもなります。しかし、捨てると授業が洗練されたものになる。

授業づくりのヒントは様々なところにあります。

ＤＶＤを見ていてそういうことも考えさせられました。

39

真似るからスタートする

「学ぶ」の語源は「まねぶ」「真似る」とは知られたことです。

片っ端から自分のよいと思った実践を追試しましょう。

教育書や教育雑誌を読んで面白いと思った実践があったらすぐにコピーして実践ノートに貼りつけます。そして授業にかける。たとえその実践をしなくても、この貼りつけるだけの作業にも意味があります。

どんどん追試をして、自分の中に授業の進行のコードのようなものを刷り込んでいく、という感じでしょうか。授業が終われば反省点や気づいたことをノートに貼った資料に書き込んでいく。それが自分だけの実践記録になります。

芸術でも仕事でも最初は真似から入ります。星の数ほど先輩方の実践があるのです。そのような財産を使わせてもらわない手はありません。

どんどん追試をしながら、次は、常に「新しいアプローチはないか」と模索していきます。全く新しい実践などなかなかできません。部分的に変えていったりします。自分の教室用にアレンジしていきます。

不思議なことに、山のように実践の追試をしていると、新しい教材でもそれまで追試したやり方に似せてできるようになってきます。つまりは様々な授業の「型」を自分の身体の中に取り込んでいるのですね。授業をするということはとても難しいことです。まずは追試をして**上手くいく授業の「手応え」を実感する**ことです。

ただ、追試しても上手くいかないことも多いもの。それは授業の「技能」の部分の問題や、「クラスの実態」の問題です。授業の展開がわかっても、授業そのものがクラスの実態に合っていない場合があります。授業の展開がわかっても、授業を回していくときにうまく子どもを繋げない、ということもあります。

そのことはわかったうえで、です。様々な追試を重ねましょう。自分のクラスに合っていると思えば追試するのです。そして、経験値を積み重ねる。

たくさんの〝よい授業〟に触れて、やってみて、**自分の中の教師としての拠りどころをつくる**のです。

40 勉強会を立ち上げる

教師塾「あまから」。

私が立ち上げた勉強会です。この会、私の教師経験と同じだけ続いています。

月一回、関西の先生たちが集まって学んでいます。

四時間があっという間です。

私は教師一年目から、当時職場で一緒になった同い年の先生と勉強会を立ち上げました。

月に一回、定期的に教育の話をしよう。情報交換して学んでいける場をつくろう。

そして何より教師生活を充実したものにしようと始めたのです。

名前は「あまから」になりました。

「甘いも辛いもある引き締まった会にしよう」→「甘辛」→「あまから」と考えたものです。

場所は勤務校近く、駅前の百貨店の上階にある貸し研修室を利用しています。

結成当初、メンバーは二人。月一回、必ず開催しました。

二人だろうが教室のことや子どもたちのことを話し合うのはとても楽しく、時間があっと言う間に過ぎました。

だんだんとメンバーが増え、色々と実践を持ち寄るようになり、会が盛り上がってきました。参加者は多いときで三〇名ほどになります。

参加されている先生はどの先生もとても熱心で、熱血な先生ばかり。高い志、子どもへの真摯な眼差しを持った先生方です。学生から初任者など若手、三十代、四十代の中堅、そしてベテランの先生と、様々な世代の先生同士が教育についてあれこれと話ができるのもこの会の魅力です。

会の理念は「子どもたちにとって価値のあることを追い求める会であろう」ということです。来るものは拒まず、去るものは追わず、です。

さて、勉強会でできることを挙げてみましょう。

【勉強会でできること】

①最近の身の周りの話を世間話のように交換し合う。相談する。

②決められたテーマでレポート発表。
③模擬授業
④本の紹介
⑤授業VTRを検討する。
⑥子どもと楽しむ手遊び、踊りの情報交換。
⑦研究授業前の授業検討会。メンバーが研究授業や公開授業をすることになったら一緒に検討します。
⑧講師の先生をお呼びして研修会。
⑨スピーチの練習。発表テーマを決めて一分間スピーチをする。教師の話術を鍛える。
⑩教師のすべらない話。某番組のようにサイコロに名前を書いて転がし、名前が当たった人はエピソードを語る。面白くて話す力も鍛えられます!

「あまから」では、毎回私が今月のテーマやミニテーマを決めて事前にお知らせし、それについて発表してもらっています。

サークルや勉強会を立ち上げると学びに刺激が生まれます。もちろん参加する側でもそうです。目的意識を持って参加する。毎月一回の例会でも年間一二回になります。
その積み重ねは少しずつ教師としての筋肉をつけていることでしょう。
機会があればサークルや勉強会を立ち上げてみてください。参加してみてください。

■教師塾「あまから」
場　所：阪急宝塚駅横、阪急百貨店内ソリオホール
日　時：主に第4金曜日　18：00～21：45
※教師塾「あまから」詳細は、『森川正樹の〝教師の笑顔向上〟ブログ』（http://ameblo.jp/kyousiegao/）を参照ください。

41 仲間と教材研究をする

教材研究を仲間とするのは楽しいものです。

私の主宰している勉強会、教師塾「あまから」（別項一〇六ページ参照）では、年間を通して教材研究をしています。指導案を持ち寄り、授業の進め方について、教材の解釈について話し合います。研究授業前の相談や、これから学習する単元の構想の相談。それについてみんなで意見を出し合います。自分がその教材で授業をしなくても、進め方、解釈の観点、アプローチの仕方、……と必ず勉強になります。

また、以前のことになりますが、ある研究会で、教科書に載っている有名教材（文学作品）の検討会をすることになりました。ほぼ一日中研修室にこもって一つの作品についてああだ、こうだと解釈を述べていくのです。それがまた実に楽しい。

教材の読みに関して、延々意見を交わします。

「こんな読みもあったのか」

「そういうふうに捉えることもできるのか」

「こういう発言する子、たしかに出てくるよなあ」

ということの連続です。合宿で一日丸ごと研修室で話し合うこともありました。終わってからの何とも言えない充実感。それはもう気持ちのいいこと！

何回かそのような場に身を置いて感じたのは、**教師自身が熱中して読みの主体となるということがいかに大切か**、ということです。徹底教材検討会の大まかな流し方は、
①共通教材を決める。
②共通検討項目を設定する。
③音読してから検討項目に沿って意見を出し合う。
④とことん放談。
一人代表が仕切りをしていくのが基本だと思いますが、毎回仕切り役を変えて、それ自体修業の場とすれば別の学びが得られます。

仲間とともにとことん一つの教材について分析する、語り合うというのは楽しく、最高の自分磨きの場となります。

42

授業記録を取る

授業記録を取る。これはとてもよい教師修業です。記録を取るとなると、授業を覚えておかなければなりません。そのために意識して授業するようになります。記録に書けないような授業はできない、と何も書かないときよりも意識が明確になるような気がします。そして、ああ、この子今日は発言していないなあとか、指名が偏っているなあなど、自分の弱点に気づきます。

それに、単純に記録をつけていればまた同じ学年になったとき、同じ単元をするときに役に立ちます。見返して、改良を加えることができます。

また、記録を取っていると、それをそのまま学級通信にすることができます。学校の説明責任が年々問われています。学校で子どもたちが何をしたのかを通信で知らせることは、意味のあることです。

43 授業記録を量産する

授業日誌を毎日書くには「スキマ時間」をうまく使うことです。

自分が授業をして、次の時間が専科の時間で空き時間ならばすぐに記録を書きます。記録は早ければ早いほうが正確です。授業の〝感触〟が残っている間に書くことができればベストです。人間の記憶はあっという間に薄れてしまいます。思い出すのはストレスがたまります。**授業の合間のスキマ時間を上手く使って書く**のです。

また、うまく書く時間を取れずに一日が終了したら、子どもを帰した後、**教員室に降りる前に、教室で授業記録を書きます。**

そのときに重宝するのが「ポメラ」（キングジム）です（「習慣6・ポメラを携帯する」（二三ページ）参照）。これは小さなメモ帳です。「すぐにデジタル化できるメモ帳」という感覚のものです。いつも鞄に入れておき、さっと取り出して起動は二秒。すぐに打ち込むことができます。

例えば、専科の授業中に授業記録を書く。担任であるあなたは教室でサッとその日の記録を打ってしまいます。マイクロＳＤにデータとして残るので、後からゆっくりとパソコンに落とせます。後で触れる学級通信もパソコンに落とした授業記録を通信の書式に貼りつければ完成。

また、駅で電車を待っているときもサッと膝の上に広げて打つことができます。これを使い出してから「授業記録を取る」ことが気楽にできるようになりました。

たくさん書きたいときは、まず要点をポメラで打っておいてから、後からゆっくり詳しく打てばよいのです。

ここでポメラを使うときのワンポイントアドバイスを。

ポメラに原稿を打った後、名前をつけて保存する際ですが、**頭に年月日を入れておく**ことと、**その日の授業記録のトピックを短い言葉にして入れておく**ことで、検索で確実にヒットします。例えば、「『ごんぎつね』の授業が盛り上がってまた使いたい！」というときは「２０１６．１１．１９ごんぎつね」と名前をつけます。こうしておけば、大体の時期を考えて「日付」で検索することも、「ごんぎつね」というキーワードでも検索することもできます。

44 授業記録で自分の〝足跡〟を残す

授業記録はできるだけ具体的に書きます。

子どもの名前をバンバン出しながら書きます。それが子どもを見る目を鍛えることになるからです。授業を具体的に振り返ることに繋がるからです。

授業の発言通りに記録している場合は、**話し合いが続くために有効な言葉を言った子の発言に波線をつける、斜体にする**などの工夫もします。

また、記録は起こったこと、発言だけを書くのではなく、打ちながら考えたことや、思いついたアイデアも一緒に打ち込んでおきます。いつでも自分の発想、考えを風化させないことです。

また私は、記録の中に季節の移ろいを感じたり、何気ない日常の風景などを書き込むときもあります。

授業記録は、言うなれば自分の「日記」です。様々なこと、書きたいことをその場でどんどん書いていくのです。

自分の考えたこと、アイデアを他の文章と区別するには「↓」や「マーク」を使うことをオススメします。「↓次回もう一度問う」や、「Ｍｙ：自分の考え、アイデア」といった具合です。


「授業記録を取る」行為は、何より子どもたちを見る「目」を養います。

書くことで見えてくる世界があるのです。

書くことでハッキリしてくることがあるのです。

書くために意識して授業をするようになるのです。

書くことがわかっているから、できるだけ言葉を確定しようとするのです。

書くに足る内容であろうと思うわけです。

授業記録を書くという行為は、教師として歩んでいる自分の「足跡」のようなものではないでしょうか。

45

赤裸々に書く

授業記録（六年生一学期終盤）2016/07/04

今朝出勤時にクマゼミの声を初めて聞く。昨日は有馬富士公園でヒグラシの声を聞いたから、これであとアブラゼミでコンプリートだ。
いよいよ一学期もあと二週間となった。朝、今週だけで学校終了です、という話をする。Kが「夏休み中先生の国語の授業受けたいわ」と呟く。嬉しい話だ。
今日の時間割は次の通り。
1：お話、水泳移動
少しの時間、「一学期の反省（下書き版）」を書かせる。できなかった子は宿題にさせた。
2：水泳
3：水泳
4：風

「夏」を「夏」を使わないで表す、というのをしようかと思う。↓結局やらず。

「書き出し」コンテストを行った。これが盛り上がる。書き出し同士を組み合わせたり、何度も同じ子の書き出しを読んで、その子をいじったりと私も相当好き勝手に行った。だって週のはじめだ。楽しんでやらないと身が持たない。笑。

五位まで決めて、風のノートに書かせた。同じくB組も行う。

5：力（Bの風）

6：光

この時間中に、先週見ていなかった自学ノートの日記を見る。三名ほどコピー。日記の密度はまだまだ薄い。その子なりの〝色〟がついた日記を書いてきているのはNの「食レポ」くらいか。Kの日記もなかなか読み応えがある。

【もっとプライドを持て】

帰りの会のときに、会社（係のようなもの）からの連絡で「カナダウィーク」を設けるという話があった。昼食をみんなで車座になって食べて、そのときに自分のもっているカナダ（修学旅行）でのエピソードをどんどん披露する、というもの。なかなかいいアイデアだ。

そのときに会社の子（I）が「(話すエピソードは）書かなくてもいいですけど」という話があった。そこでFが「書かなくていい、ラッキー。書くの面倒くさいから」と言い、Sも「俺も……」と続いた。ここは見逃してはならないところだ。

最後の私の話のときに、「森川学級でその発言はしてはいけない。あなたたちはめちゃくちゃノート書いています。たぶん日本一書いているかもしれません。だから、軽々しく自分を貶めるようなことは言うな。Sも同じだ。君はあれだけノートにたくさんきちんと書いているんだから、そういうことに迎合しない」と押さえた。全員に、もっとプライド持ちなさい、と話した。

ちなみに今日は『時計の時間と心の時間』のまとめの感想文の提出日。土日を挟んで宿題で出していた。それでも忘れてきている子が、A、B、C。

かなり赤裸々な記録ですね。しかし、そのとき思ったことがわかりますし、読み返して勝負しているなあとか、もっと勝負かければよかった！とかを感じるのは大切なことだと思います。

46 再現性を持たせて書く

授業記録（六年生二学期スタート時） 2016/09/07

（本稿用に児童名はイニシャルに変更。見やすくするため字体を変更した部分あり）

昨日、国語一時間目「せんねんまんねん」最初学活。
範読後、出会いの感想文二五分。本日二日目。

・新出漢字四文字

・『せんねんまんねん』（まど・みちお）解釈

やはり授業はいい。楽しい。この子たちとの授業は。
昨日書かせた「出会いの感想文」をもとに授業を組み立てる。
最初に「多くの人がこのようなことを書いていた」と紹介しながら以下を板書。

・リレー

・まわっている

・食物連鎖
・命のバトン
・命のつながり
「他にも同じような意味で言葉が違う人？」と問う。以下が出る。
・生まれ変わり
・命の循環
・山手線
・一つの命は全てにつながっている
・生き物は助け合って生きている
この二つはより文章の内容に迫ってきたので左端に書いておく。

さて、Aからは「山手線」と出た。面白いことを言う。「なぜ山手線なのか？」を問いかけると、ループのような感じだから、と。ちなみに「関西なら？」と問いかけると、「環状線」とちゃんと帰ってきた（では、なぜAは「山手線」なのか？　それは幼稚園が東京だったから、だと言う。それで納得）。和気藹々と授業は進んでいく。でも密度高い。

次に出たのは「リフレイン」のこと。

連のリフレイン、行のリフレイン、言葉のリフレイン、語句のリフレインなどがあることを押さえ、中央に写した詩の中に書き込んでいく。

「一連と二連」

「はるなつあきふゆ」

「その」「のむ」

がリフレインになっている。「のむ」は普通「飲む」とか使うはずなのに、ひらがななのは？　というところからBが「のむ」には二つの意味があるのでは？　概ね「飲み込む」のことだろう、などの話になる。

他にもないか、ということで話題は「ひらがな問題」へと発展。ひらがなの検討では、

「飲む」

「ヤシのみ」

「はるなつあきふゆはるなつあきふゆ」

が出た。

①柔らかいイメージ

②漢字をひらがなにすると文字数が増えるから長いときを表している

③のんきなイメージ
④ゆったりしているイメージ
⑤漢字だと読みやすいけれど早く終わってしまう

などが出る。②や④を受けて森川が、○○と板書。この中に入る言葉を考えてきなさい、ヒントは「ゆ」で始まる、と投げかけておく（答えは「悠久」だ）。

「リフレイン」「ひらがな問題」、この二つはこの詩を読むうえで外せない「表記面」の要素である。

授業の終わりにCが「先生、タイトルもなんでひらがな……？」と発言。「次の授業はこの検討から入ろう」と授業を締めくくる。この子たちの発想力、気づき力の高さに改めて感心した時間となった。

授業後、Dが、「なんで先生の授業少ないんですか？」と言いに来てくれる。時間割通りなんだけれどね。専科制だからね。できるならば、もっとA組と授業したいです!!ありがとう！

記録は、「再現性」がある形で書いておくと自分の実践を自分自身で再度〝改良追試〟できます。

また、記録は、基本的に自分が見返してわかればよいものですが、あえて読み手がいることを想定して書くこともよい教師修業になります。

47 子どもたちの姿を具体的に書く

授業記録（四年生三学期） 2010/01/15

【文章構成の授業】第一時＝一月一四日・五校時／第二時＝一月一五日・一校時

ちょうどIが「先生、何で漢字なんか使わないとあかんの？」という話をした。そこで、「ひらがな作文」の授業をすることにした。

昨日、黒板に全文ひらがなの文章を拡大して貼った。箇条書きで意見を書かせた。子どもたちは指名なしで五分間で全員発表した。

一番多かったのは「読みにくい」という意見である。これは一回目の授業終了後に、Mが「先生、ノートにつけていきました」と私に意見分布を見せにきたことからもわかる。このことは、授業の最初にMに全員にノートを見せさせて褒めた。「先生に言われていないのに自分から統計をとっていたことに驚いた」と。

あと、「ひらがなのときに延ばし棒はつけない」（バスケットボールの記述がひらがなだったのに対して）やIが「今まで漢字は面倒くさいと思っていたけど、これを見て漢字を使ったほうが便利だなあと思いました」という意見を述べた。

また、余談だが、自主発表のときにK、U、Yなど、今まで自分から立って言うことがしんどかった子たちが自分から立ったので、それを大いに褒めた。

今日は九時くらいから昨日の続きとして二回目の意見の続きを聞いていった。しかし、残念なことに最初からビデオを回さず（鞄の中にあったのに！）。こういうときに限ってよい話し合いとなる。以下に、途中からビデオを撮るまでに出た意見（話し合い）をとっさにとったメモを元に再現する。

H　昨日Fさんが「この文章は最初ぼくはで始まっていて最後によろしくお願いします、で終わっているからおかしいと思います」と言ったことを覚えていますか？

C　（全員）はい。

H　でも、この文章をずっと読んでいってみてください。すると気づきませんか？僕は自分のことを紹介している文章のような気がします。だから……何ていったらいいのかな、読みにくい文章なんだけどFさんと違って意味があると思います。

F　前に出ます。「ぐにょぐにょ」とありますよね。これは「オノマトペ」が使われていると思います。
K　この文章には「兄」が出てきていいと思います。
W　この文章は面白さ、が伝わってこないと思いませんか？ えっと、MさんやFさんのような面白さがこの文章にはないと思います。
N　この文章を「新聞」だと思ってみてください。この文章も字がぎっしりなんですけど、みんなも字ぎっしりの文章を書くのに慣れているんですけど、みんなは漢字を使うから読みやすいんです。でも、もしこれが新聞に載っていたとしたらとても読みにくいと思います。
T　前に出ていいですか？
森川　「前に出ます」でいいよ。
T　ここに「からだ」とありますけど（文章を指しながら）、ひらがなだとどちらの「からだ」かわかりません。
F　みんなだったら、この文章に何かつけませんか？
T　題。
W　名前。

F　題や名前や日付をつけないとわかりにくいと思います。

H　この文章を見て私は目がチカチカすると思いました。それと、目が疲れてくると思いました。で、みんなに私から質問があるんですけど、私の質問にみなさん答えてください。

C　（全員）はい！

H　この文章を見て、目がチカチカする人？

C　（挙手、多数）

W　（小声で）目がチカチカするって何？

F　オレンジと赤色を合わせたら見にくいやん（というようなやりとりが行われていた）。

H　では、ずっと読んでると目が疲れてくるという人？

C　（挙手、多数）

H　今、「目が疲れてくる」という人のほうが多かったのですが、私もそのように思いました。

O　読んでみよう、と思ったときに点や丸がないと、どこから読むかわからなかったりすると思います。

S　前に出ます。「　　」かっこがついていないのでわかりにくいと思います。例えば、……。

N　ちょっとS君に反対なんだけど、……（読みにくいからそのようになってはいるんですけど、と、ちゃんと最後にことわっていた）。

※結局Sの主張はあたっていたことが「もう一枚の書き直したもの」を貼って明らかになった。そのことをすぐに「先生やっぱりあってたやん」と私に言いにきたので、それを次（来週）言ってね、と話した。

I　先生、三回目って言っていいですか。

T　（森川が以前配った「体育大会の文章の書き方」を引き合いに出しての書き方に関する発言）

結局、この後「書き直したもの」として正常版をもう一枚貼った。口々に「読みやすい」の声。この時点で残り時間四分。

「二つを比べて気づいたこと、思ったことを書きなさい」と二分間書かせる。残り一分で発表。三人発表できたところでチャイム。締めはU。彼はいくつ書いているかと聞いたときに、わずか二分で箇条書きを四つ書いていた。これは大きな進歩である。そこですかさず褒める。「大きな進歩だ」と。Iは二〇個書いていた。「さすが箇条書き王子だ」と褒める。

発表のとき、たくさん立って譲りにくいところがあったので、指導を入れる。

「立ったときにあまり日頃発言のない人が六人立ったら、〈あ、この後六人ぐらいは発表できないいな、待とう〉と思って座っていなさい。立たない。未来のことを考えて立ちなさい」と話した。

最後に、「先生の言いたいことはすべて出てしまいました」と話すと全員喜んでいた。

中身の〝濃い濃い〟金曜日の一時間目となった。結局、予定していた「漢字」のテストはできず。でも気持ちがよい。

子どもたちの成長やつまずきを具体的に書きます。

そして、そこで教師として話したこと、指導したことを具体的に書きます。この繰り返しが、「気づきのアンテナ」を増やすことになるのです。

48 思い出を閉じ込めて書く

授業記録（二年生一学期） 2012/05/15

朝教室に来ると、教室は真っ暗。また図工で作った「手」を使って驚かしかな、と思ってそうっと扉を開けると、「わ～っ!!!!」と夢虫っ子たち。全員いすの陰や、机の下に隠れていたのでした。「驚いた～!!」と言うと、「ドッキリ大成功!!」と子どもたちがわらわらと出てきました。朝からドキドキワクワク、そして、あたたかい気持ちになるスタートです。

毎日毎日様々なドラマがあります。楽しくあたたかい毎日です。

「夢虫」（学級通信の名前）、少し間があいてしまいました。その間、遠足の下見、本番と目まぐるしく毎日が過ぎていっています。

まずは遠足のことを少し。遠足はなかなかの日和になりました。暑すぎない、寒すぎない（多少肌寒いスタートでしたが……）。行き帰りはとても行儀よかったです。

下見のときに、まず武庫之荘の駅で六校がブッキングすると聞いていました。そこで、当日はできるだけ早く出発。結果的に予定より一本早い電車に乗ることができました。いよいよ動物園に着きました。ゲートの外に、保育園や幼稚園の子たちがあふれています。急いで中に入ります。選んだのはパンダから始まり、時計回りに回るコースです。結果的にこれが正解でした。たくさんの学校が来ていたにもかかわらず、何とパンダは独占。コアラも独占。レッサーパンダ、リスの部屋も独占（笑）。出だし好調で、そのままどんどん見て回りました。ただ、パンダは茂みの中でじっとされていましたし、コアラも木の上でじっとされていました（笑）。シロクマも貸し切り。こちらはサービス精神大せいで、うろうろと大きな体を右へ左へ。

私が一番印象に残っているのが、キリンさんです。

今回引率に当たって、森川は先頭で子どもたちの目印となるべく、指し棒の先に黄色のポンポンをつけたものをあげて歩いていました（もう怖いものなしです。笑）。

話をキリンに戻しますが、キリンさんを目の高さで見ることのできるガラス張りのコーナーがあります。そこで子どもたちと一緒に見ていると、キリンさんが急速に接近してきたのでした。どうやらその指し棒に興味を示しているのです。目の前で見るキリンさんの顔はとても優しく、新鮮でした（うまくいけばN先生がその様子を撮影しているはず……）。

目の前で寝ているカンガルーや、微動だにしないワニ、格好いいジャガーなど、ゆっくり回ることができました。一人斜め上を見上げて物思いにふけっていたのはゴリラでした。色々思うところがあるのでしょう。

さて、子どもたちの中からは「先生お弁当は〜？」という声が何と十時の段階で聞こえてきていました。それも何人も。

「気持ちはわかるけど、早すぎ。動物さんたち見て！」とたしなめる森川。

帰りの電車はすいていて、多くの子が座れました。最後はとどめの、駅から学校への歩き。

さて、その帰り道でのこと。私は例の指し棒を頭の上に指して歩いていました。そして、信号のない交差点で、その指し棒を右へ、左へと動かし左右確認を後ろを歩いている子たちにアピールしながら歩いていました。「先生、恥ずかしいで〜」そんな声が後ろを歩く夢虫っ子たちから聞こえてきました。Fさんらです。

私のポンポン指し棒での行為が静かな住宅地の中、ひときわ異彩を放っていたのです

（当たり前か）。そして、幼稚園帰りのお迎えのお母さんにクスクスと笑われていたのでした。―ずーんー

二年生の子に「恥ずかしいで」と言われたらおしまいです。でも、ちょっと確信犯的な森川先生なのでした（笑）。

そんなこんなで、無事に帰ってくることができました。楽しい遠足となりました。

いよいよ次は動物さんの絵を描かせます。お楽しみに！！！

これは遠足のときの記録で、最初から「学級便り」を意識した文体で書いています。打ち込んでいるのはもちろんポメラ（キングジム）です。今、読み返すと二年生の子どもたちと一緒に帰り道の住宅街を歩いていたときのことが昨日のように思い出されます。懐かしいなあ、と。

やはり「記録」を取っておくというのは素敵なものです。記録を読み返せば、たくさんの子どもたちとの「思い出」が一気に甦ってくるのですから。

49 「学級通信」は楽しく無理せず書く

前項までの「授業記録」と本項からの「学級通信」は隣り合わせの関係です。「授業記録」を書けば、それをそのまま学級通信にして発行すればよい。これなら教師修業にもなり、保護者の方にも学校でどのようなことが行われているかの説明責任も果たせ、一石二鳥です。

学級通信は「書こう」と決めたその日からあなたが編集者であり、執筆者です。

そして、自由に書ける。締め切りもない。

ただ、本当の日記と違うのは「公共性」がある、ということです。ただ発行する、というのではトラブルにもなりかねません。

そこで、公共性をうまく活用します。「第三者の目にさらす」という〝カセ〟が、あなたの文章力を鍛えてくれるのです。

まず、通信の母体となるのは「授業記録」です。しかし、ただデータを移すだけは危険です。まず、「授業記録」のデータを通信のひな形に貼りつけます。そして、次のようなことに注意して最初からしっかりと読んでいきます。

・このテーマの場合、子どもの名前は出していいのか、悪いのか。

・子どもの名前に間違いはないか。

・子どもの登場頻度に大きな偏りはないか。

・言葉遣いはどうか（自分だけに向けられている授業記録とでは「書きぶり」が変わってきて当然です）。

・個人情報が出ていないか。

・特定の子のマイナスの部分を伝える結果になっていないか。

気を配ることは色々とあります。

内容は様々です。授業記録、子どもの作品、教師が考えていること、最新教育ニュース、子どもたちへの呼びかけ、写真、連絡事項……。

ただ、学級通信はあくまでも自己満足の世界ですので、読んでもらえなくても仕方ありません。それに「出すべきもの」でもありません。学級通信を学級経営の柱にする先生がいたり、そうでない先生もいます。学級通信を出しているからよい学級である、とも言い切れません。ですから、出すことが正しいとか、出すことを強要することはないと思います。出すことで修業になることは私自身は実感していますのでオススメしているのです。**自分自身が楽しく出せること、無理せず出すこと、それが大切**です。

そしてもう一つ。

学級通信は子どもたちと、教師と、保護者をつなぐ橋渡しにもなります。

自分の日記が載った学級通信を食い入るように見ている子どもたちの姿を見ると、眠い目をこすって書いてよかったなあ、と思います。

50

自分だけのパターンをつくる

学級通信の話の続きです。

(1) たくさん出したい

学級通信はたくさん出せばよいというものではありませんが、たくさん出して溜まっていく感じは気持ちがいいものです。そこでたくさん出したい、という方のために量産術として手軽に作れる方法を少し紹介します。

まず先に書いた「ポメラ」を使う方法です。授業記録をそのまま通信にします。これならいくらでも発行できます。学校であったことを伝えているので、保護者にも喜ばれます。

次に、子どもの作品を通信で出すときです。コピー機の「集約モード」で一気に原稿を作ります。うまくコピー機を使えば時間を随分短縮できます。

それから、子どもたちに俳句や目標を書かせるときは、用紙を均等に切ったものを配って書かせれば、後でコピー機で一度にまとめて原稿を作れます。まとめてコピーして、通信の題を書き、日付を入れれば完成です。

(2) 子どもたちに作らせる

子どもたちの作る学級通信も面白いです。通信サイズの紙を等分したものを子どもたちが分担して作ればすぐにできあがります。「今日は一班」というふうに分担して作らせるとよいでしょう。私は新任のときから一貫して、「夢虫《むちゅう》」というタイトルの学級通信を発行しています。この「タイトル」の部分を子どもたちにデザインしてもらい、日替わりで〝子どもデザインタイトル〟の通信を発行していたこともあります。

(3) サイズ

サイズに関しては、これも決まりがないので好きなようにできます。Ｂ５サイズは、いつでもすぐに出せるので手軽です。新任の頃、私はＢ４サイズで作らなければならない、と自分で勝手に決め込んでしまっていました。しかし、よく考えたらＢ５サイズでもよいのです。決まりはないのですから。そう思ってからは随分と気が楽になりました。

51 名前や数字を入れて書く

最近の学級通信です。『国語通信』として六年生の一学期に発行したものです。

6A国語通信　第6号　―細かいが大切なうれしい成長！編―

発行：森川正樹

【最近のみんなの成長の記録】

☆メモするメンバーが増えた！

先日提出された国語プリント26枚のうち、なんと14枚がメモ入り！板書していない答え合わせ中の話をメモしていた！「自分で勝手にメモできる」というのはこれから君たちが生きていく上で絶対に必要な力だ！「メモの達人」がさらに増えていくことを祈る！

☆「先生、板書の写真いつもらえますか？」（時岡）

この質問は、とても問題意識が高いよい質問だ。「森へ」の授業の二時間目。この日は「板書は書いても書かなくてもよい。先生が後で写真をあげる」と話した。板書を見たい。板書を授業の感想に使いたい、という時岡さんの意欲が見て取れる！

☆座談会二回目終わる！話し合いの姿が成長した！

一気に成長した感じだ。先生には、三学期、君たちがどんどん先生を介さずに自分たちで話し合っている姿が見える。

「ぼくのような意見もった人いますか？」と誰かが話を仲間にふり、それに応えて皆が発表する。話がずれたら誰かが戻し、話を変える者もいる。話していないときは仲間の方向を見て真剣に聞く。

このような姿が予想できる二回目の座談会だった。これには今後大いに期待だ。

一回目の座談会の感想で、七割の子が「譲り合いができていない」と書いた。それを生かして随分と譲れるようになった。立って待たなくても、一人ひとりがスッスッと立って言えるようになったら最高だなあ。

☆座談会二回目（『森へ』の交流会）の授業後に「先生見つけた！」（道川、細川）

授業が終わっても言いにくる子たち。何と頼もしいことか。道川はこの次の日、初めて「G」の国語ノートを返されることになる。おめでとう！細川も記述量が倍増した！

☆「先生、前回の10倍書いてきました！」（小島）

そう言ってノートを提出した小島さん。ノートには教材文と向き合った自分の考えがびっしり。星野さんの名言を本文ではなく、「付録」としてつけるところも根性がある。評価は何とGG！お見事！

あれ？まだ書きたいのにもう紙面が終わっちゃった！！（続く！森川）

子どもの名前は仮名です。このときはパワーポイントに打って作成。

私は学級通信をワードやパワーポイントで作ります。

パワーポイントで作るのは、ビジュアル的な通信が作りやすかったり、文章を加工しやすかったりするためです。

要は、**自分の一番作成しやすいツールとサイズで、気の向いたときにマメに発行する、**というのがよさそうです。

そして、内容は**極めて具体的であること**。名前、数字などを適宜入れながら書いていきます。

52 そのときの自分をとどめておく

単学級のときは、最後に学級通信を冊子にしていました。学校に出入りのある印刷業者さんに頼んで製本をお願いしていました。できあがった冊子を学年の最後に渡します。時には最終日に製本が間に合わず、最終回特別号を冊子版に改めて書き下ろして後から配ったこともあります。

次は、私の新任のときに発行していた学級通信からの抜粋です。今読むと少し恥ずかしいのですが……。

《新任のときの学級通信　二年生》

「行ってきました、お別れ遠足」

机の前に座って仕事をしようとすると、お尻が痛い。それもそのはず、ローラーコースター（ながーいすべり台）のしすぎである。

今日の遠足は、むちゅうっ子たちとの二年生最後の大きな思いでの一つ。張り切って、現地の元浜緑地公園に着いてから帰るまで、ずーっと、むちゅうっ子たちと遊んでいた。その中で、子どもたちに人気のあったローラーコースターに何回乗ったことか。一人の子を膝に乗せ、後ろにも、もう一人ついて、三人や、四人で滑っていく。するともちろん、ほかの子からも、「ぼくも!」「わたしも」ということになるわけで……。しばらくは、すべり台は勘弁してほしい。

子どもたちと一体となって遊ぶ。

子どもたちの笑顔や、笑い声に囲まれて、私はなんて幸せなのだろう、と思う。

私の話す言葉に常に反応し、笑い転げるむちゅうっ子たち。この先、幸せに、生き生きと育ってほしいと思う。

まるで、魔法の宝箱をあけるかのように、目をキラキラさせながらお弁当箱のふたをあけるむちゅうっ子たち。

この子たちは、こんなにもむちゅうにこの一年間を生きてきた。むちゅうっ子たちを誇りに思う。

帰りに雪が降った。一生懸命自分の赤白帽で雪を受ける子たち。

私の鞄につもってきた雪を、「先生、ちょうだい」と言って、帽子に入れている子。

「髪の毛が白髪になった! どう、先生、なってる?」と聞いてくる子。

段ボールに雪を受け、「ここに雪積もらせてんねん！」と言う子。

子どもたちにとっては思わぬ雪のプレゼントのおまけまでついたお別れ遠足でした。（後略）

実に懐かしい。初心を忘れてはいけませんね。

こうしてかつての自分の学級通信を見返すのはいいですね。過去の自分に激励されている気がします。

学級通信を書くことは、「そのときの自分をとどめておく」というよさがあります。

53

自分を見つめ続ける

同じく新任のときの学級通信の最終号です。

むちゅう　2―2クラスだより　No.37（最終号）

MASAKIMORIKAWAと2―2のみんな

いよいよ、二年二組とも、今日でお別れです。二二人のむちゅうっ子たちと新任教師との出会いから一年。最初に、自分の好きな食べ物を言いながら自己紹介をしていったあのときからもう一年がたつのです。

子どもたちの目がどんどん輝いていくのを肌で感じながら、この子たちのおかげで「教師になって本当によかった」と感じることができました。

この一年間、ありがとう、むちゅうっ子たち。

色々な取り組みの中で、むちゅうっ子たちは確実に大きくなっていきました。

一生懸命になれる自分をこれからも大切にしてください。

今手元に、『むちゅう』第一号があります。そこに、私は「〝むちゅう〟ってどういう意味？」と題してこう書いています。

「むちゅう」というのは、いっしょうけんめいにがんばってたのしくなることだよ。べんきょうもあそびも「むちゅう」になってがんばろうね。

それでクラスだよりはこのなまえにしたよ。

「むちゅう」というのは実は「夢虫」と書きます。〝本の虫になる〟という言い回しがあります。本を夢中になっていつもいつも読んでいるような人のことですが、むちゅうっ子たちも〝本の虫〟や〝遊びの虫〟、〝絵をかく虫〟〝勉強の虫〟〝人を大切にする虫〟、そして「自分の夢の虫」に……と、様々な「虫」になってほしいのです。むちゅうっ子たちへの願いです。

◆「さようなら二年二組」　そして……

「そして」の後は様々な意味を含んでいます。むちゅうっ子たちが大きくはばたく未来が素晴らしいものでありますよう……。

一年間、本当にありがとうございました。

私が現在まで使っている『夢虫』という通信の名前の意味を書いています。

このときから随分と時間も過ぎました。

その中の一人の女の子は、この四月から晴れて教師となり、私の「仲間」として人生を歩み始めました。新任のときのつたない私の授業を受けながら、「先生に出会ってからずっと教師を目指してきました」などと言ってくれる素敵な教え子に出会えたことに感謝です。

いつもこのときの気持ちを忘れないようにしたいものです。

学級通信は教師としての「自分」そのものです。

54 「テープ起こし」をする

私は、月に一回の「教師塾」を開いています。
その会において通過儀礼とも呼ぶべき言葉があります。それが、
『テープ起こし』デビュー」
なる言葉です。英語で書くと、
「Transcription debut」（なぜ英語に?!↑ツッコミ）。
塾に「テープ起こし」が提出されると全員で拍手をして讃えます。
それほど価値があるのです。「テープ起こし」には。

(1)「テープ起こし」で見えてくること

授業の「テープ起こし」はとても勉強になります。まずは一時間の授業を丸ごとそのまま「テープ起こし」です。それだけでも気づくことは大量にあります。

・癖や自分の動き

結構「え〜」などと何回も言っているものです。私も高校生のとき、先生の癖の数を数えて楽しんでいたものです（すみません）。口癖だけではありません。右の方向ばかり机間巡視をしている、教室の後ろには全く歩いていかない、といったこともわかってきます。

・指名の仕方

指名が偏っていないか、せっかく何度も手を挙げているのにあてられていないなあ、すぐにあててしまっているなあなど、「指名」一つとっても様々な気づきがあります。

・声の大きさ、強弱

教室の後ろまで自分の声が明瞭に届いているでしょうか。

実はこれら三つの項目のような基本的なことは、「テープ起こし」をしてみて初めて気づくことも多いのです。先日、ある学校の校内研究に講師でお伺いした際、事前に授業のＶＴＲを提示してもらうことを伝えていました。そしてみんなで観あって、検討会をしました。そこで出たのは、「あれ？意外と声が聞こえない」「私、このとき別に怒っていないのに、怒っているみたい」「早口で何言っているかわからない」「時計ばかり触っている！」といった声でした。楽しく研修できたことを覚えています。

・発問

発問を何度か繰り返しているけれど、その度に言い換えているなあ、とVTRを観ていて気づかされます。これでは子どもたちは混乱しているだろうなあ、Aちゃんは絶対にわかっていないよな、という気づきを得ます。

・子どもの反応

授業をしながらでは見えていなかった子どもたちの反応を客観的に得ることができます。「後ろの子、ずっと手遊びしていたのか」「Aちゃん全然聞いていないなあ」「ここで盛り上がったのか」「このペア対話はよかったなあ。話したい！という気持ちに合致したタイミングだったな」などと、子どもの反応から学べます。

・教師の発言量

「テープ起こし」をしていく過程で教師の発言を太字ゴシックなどで表示すると、子どもの発言とひと目で区別され、自分自身の発言量を視覚的に実感できます。そこで思うのは〝何と自分はしゃべりまくっているのだろう〟ということです。まずはそのことを実感できたことをよしとしましょう（笑）。頭ではわかっているつもりでも、実感して初めて改善できるものです。

・授業の組み立て方

「テープ起こし」をしたものをプリントアウトしてみると気づくことがあります。太字ゴシックと基本字体が交互に並んでいて、まるで「シマウマの模様」のようになっているのです。つまりそれは、授業が教師と子どもの一問一答の形で進んでいた、ということを意味します。**「テープ起こし」のビジュアルは「シマウマ」ではなく、「シロイウマ」であ**りたい。つまり、子どもの発言が目立つ展開です。「テープ起こし」をすることで、自分の授業の組み立てについても考えることになります。このことも「テープ起こし」をする大きな意義なのです。

さて、「テープ起こし」をする間、聞いていて何度も耐えられなくなりますが（笑）、「テープ起こし」をしたら次から授業で意識することも変わります。

自分の授業を客観的に見るということはなかなかありません。ビデオに撮ったり、レコーダーで録ったりして自分の授業行為を〝メタ認知〟しましょう。

私はしょっちゅう授業をビデオで撮っています。面白いもので、録画しているというだけでも自分の行為を意識して授業するようになります。加えて、子どもたち側も、撮られることに慣れさせます。「先生、今日は撮らないんですか？」と聞かれるようになれば

〝撮られ慣れてきた〟ということでしょう。

最近はデジタルカメラの性能もかなり向上したので、高画質の動画が撮れるようになりました。デジタルカメラで手軽に授業を撮ることもできます。

(2)　細工して子どもたちに読ませる

せっかく頑張った「テープ起こし」。「テープ起こし」が終了したら元を取らなければなりません。「テープ起こし」の大きな活用方法、それは、**子どもたちに配って読ませる**ということです。

例えば、話し合いの授業の「ビデオ起こし」をしたとします。その際は、その「ビデオ起こし」が完成したらすぐに子どもたちに配るのです。

子どもたちは食い入るように読むはずです。自分の名前や友だちの名前が大量に出てくるのですから。

さて、子どもたちに配るのですから、そこはちょっとした**〝細工〟をして、「学べる資料」として配ってあげる**必要があります。次のようなことを上乗せしてあげるのです。

・教師の発言を太字にしておく。
・読み取りの鋭い発言にアンダーライン。
・話し合いが止まってしまったときに沈黙を破って発言した子とその発言に波線。
・聞き取れない発言は、「●×□▲○×……」などとして気づかせる。
・話し合いの展開のさせ方が上手い子の発言に波線。

このようなことを入れながら、「テープ起こし」をしていくのです。

「テープ起こし」は、教師が色々と話すよりも雄弁に子どもたちに多くのメッセージを届けてくれます。

また、最初は教師の発言だらけで真っ黒だった紙面も、だんだんと子どもの発言の回数が増え、白くなってくるのも快感です（笑）。

「授業の『テープ起こし』」は「一人研究授業」です。

55 アイデアスポットを持つ―書店―

モンスターが様々な場所に出現して、それを集めに奔走するゲームがあります。

これの〝アイデア版〟があれば面白いだろうなあ、と思います（笑）。

その人の職業に合ったアイデアが街の中の様々な場所に出現するのです！……と脱線は
ここまでにして、「書店」はそのアイデアの出現スポット（？）なのです。

全国どこにでもある「書店」。

書店ごとに様々なアイデアが出現します。

書店は授業のアイデアの宝庫。

大型書店。大型書店は「知の集合体」です。一番上の階にエレベーターでのぼります。

一番上から順番に下におりながらブラブラとフロアーの棚を見ていくときがたまりません。

本屋は日本の縮図、世界の縮図のようなものです。情報が詰まっている。大型書店なら
海外の絵本もあります。日頃目にすることはない専門的な本もあります。それらを見るこ

とで新たな刺激が生まれます。

そんなときにフッと新しい授業のネタが浮かんでくるのです。

小型の書店も負けてはいません。

展示スペースが狭い分、その店の特色が色濃く表れます。旅行関係が充実している、雑誌が充実している……。

また、駅の中のような場所の小さな書店では現在何が流行っているのかがすぐにわかります。このような場所の書店は〝はずし〟がないものを置こうとしますから、社会の情勢の縮図です。

面白いのは地方の本屋さんです。その土地のローカル誌やその土地由来の本などが置いてあります。それが面白い。

本屋を出たときの自分は適度な（？）興奮状態になっています。浮かんだアイデアはすぐにメモに落とし込む。または携帯電話に打ち込んでおく。

目的の本がなくても本屋には頻繁に立ち寄ることをオススメします。

56 アイデアスポットを持つ―車内―

車内もアイデアが出現する場所です。

(1) 車

現在、通勤の往復一時間が私の車の時間です。この時間は一人になる時間です。行きも帰りも曲を聴いていたり、一人カラオケボックスになったり……。

そしてまた、アイデアが浮かぶのも車内です。そんなときはいつでもアイデアを書き留めることができるように、メモとペンを車のダッシュボードに入れておきます。レコーダーに録ることも。

また、体育祭の前などは、団体演技のイメージをふくらませるのにも車内は役に立ちます。選曲したり、曲に合わせてどんな踊りをするのかをイメージしたり、ときには身振りを交えて動いてみることもあります（危ないですね…汗）。踊りが決まったら覚えるために帰り道の間中、曲をかけて踊りのイメージトレーニングをすることもできます。

あと、最近ようやく普及してきたのが「オーディオブック」、耳で聞く本です。ネットでもオーディオブックをダウンロードできる会社も増えてきました。聞きながら運転することで、通勤時間を実に有効に使うことができます。笑い話ですが、「今いいところだったのに、到着しちゃったよ」「あ〜あ、信号が青になった」なんていうこともしばしばです。

(2) 電車

電車の中では大抵本を読んでいますが、あの適度な揺れと本からの刺激によりアイデアが降りてくることが結構あります。そのとき大切なのはアイデアを風化させないことです。

本から影響されたアイデアは本の行間に書くようにしていますし、携帯に打ち込んでおくこともします。ときにはポメラにそのまま打ち込みます。ポメラは膝に置いても打つことができる優れものです。


車内という拘束空間だからこそ、集中できる場合があるのです。

スマホばかり見るのはもったいないですよ。

57 アイデアスポットを持つ―散歩中―

散歩中は脳がリラックスしているので色々なことが頭に浮かびます。私は散歩中は楽しいことだけを考えるようにしています。そうすると当然いいアイデアも浮かんできます。

研究授業、どのような展開にするか。

次の単元の構想は。

執筆のアイデア。

クラスのシステムのアイデア。

私がアイデアを一番量産できているのは散歩をしているときです。

考えが行き詰まったときも散歩をします。

散歩中にアイデアが浮かんだら、持っている携帯電話のメール機能を使ってメモします。

携帯電話の送信フォルダに、メモ専用の未送信メールをつくっておきます。そして、件名のところに「ネタ1月」などと名前をつけておきます。

ある程度たまったらメール送信。パソコンメールを開き、そのまま一太郎やワードに貼りつけてプリントアウトすればいつでも持ち歩けます。どんどんネタ帳ができあがってくるわけです。

このようにしてアイデアを風化させないようにしています。

また、私の散歩コースには神社が含まれているのですが、そのような場所は静かで、手を合わせるとまさに自分と対峙する時間を過ごせます。神社を取り囲むように立っている街の歴史を見てきた巨木。そして、物言わぬ狛犬。季節が移り変わる中、そのような空気の中にいることは私にとって何よりの活力剤になります。

散歩は、静かに元気とアイデアをためるクリエイティブな時間なのです。

自分の散歩コースを持つことは生産性のある仕事をするうえで、私にはとても意味があるのです。

58 アイデアを形にする場所を持つ
―お洒落なカフェ―

唐突ですが、カフェは自分に酔いしれながら仕事ができます（笑）。

「俺、できるビジネスマンみたいやん！」

「私、できる女よね」

そう思いながらお洒落なカフェでパソコンをカタカタ。ポメラをカタカタ。

仕事を少し早く終えて学校を出て、お気に入りのカフェでちょっと〝寄り道〟仕事。

授業記録や授業のアイデアを考える、私なら書籍の原稿を書く、どうしても急ぎで完成させなければならない文書……など。

授業のアイデアを実際に授業のシナリオとして形にしておく。

細切れの原稿アイデアを、一本の完成原稿にしてしまう。

少し環境を変えることで、仕事が予想以上にはかどることがあります。

周りには自分と同じように仕事をしている人もいて、またそれが刺激となって頑張れる。

一人、帰宅途上にカフェによってカタカタとキーボードに向かう。

そんな自分に酔いしれながら楽しく仕事をするのです。

新しい刺激は、少しの意識でいくらでも生み出せます。

「カフェ」を上手く使って仕事の生産性を高めましょう。

余談ですが、カバンには必ず本を一冊。仕事の合間の息抜きに。その本を読んでいて、また新しいインスピレーションが沸いて授業のアイデアに生かす……なんて、素敵なスパイラルですよね。

学校の周りを散歩する

59

自身の勤めている学校の周りをしっかりと散歩したことがありますか？

意外にないのではないでしょうか。

家庭訪問のときに大体の校区の様子はわかりますが、家から家へ行くことに精一杯で周りの様子はあまり印象にないものです。しかし、散歩をしてみると、「実は校区内に古墳があった！」とか、「ここにこんな工場があったんだ」とか、「商店街をゆっくり歩いてみたけれど、子どもたちも毎日ここで暮らしているんだなあ」とか、実に様々な気づきがあるものです。

私には以前の勤務地で行きつけの中華料理屋がありました。校区内のお店の人と知り合いになるのは楽しいものです。総合的な学習の時間で、地域のことを調べることはよくあります。町探検は各学年の内容に従って数々行われています。

勤務終了後、学校を出てから少し寄り道して学校の周りを散歩してみましょう。

一人で歩いていると、今まで見えなかったものが見えてきます。

最後に忘れるところでした。鞄には「メモ」と「ペン」、「デジカメ」を忘れずに！

60 自分だけのユニーク仕事術を持つ

〝自分だけ〟の仕事術はお持ちでしょうか。

生き生きと仕事をしている人は、必ず何かしら自分にあったユニークな仕事術、勉強術を持っているものです。

ここでは、私が行っていることの一端をご紹介します。

(1)　SA・PA巡業

私は大量の原稿を抱えているとき、とにかく大急ぎで大量の原稿を書かなければならないときは、様々な方法で最もたくさん書ける道を探します。

その一つが高速道路のSA（サービスエリア）、PA（パーキングエリア）の活用です。

私は車通勤をしているのですが、行き帰りに高速道路を使っています。

そこで、帰宅途上のSAで原稿を書きます。

最初のＳＡで絶対に原稿を三本書く。そして、次のエリアでまた三本……。というふうに巡業しながら原稿を書いていくのです。

ＳＡにはレストランもあればフードコートもあります。お腹がすけばそのままラーメンを注文すればよいですし、お茶も飲めます。

散歩道が整備されているところや、お土産物なども売っているので気分転換にもこと欠きません。

考えようによっては最適な仕事場となるのです。

実はこの原稿も現在山陽道「西宮名塩ＳＡ」の片隅で打っています（笑）。

(2) 宿でこもって仕事

時々私は、宿で自分を缶詰にして原稿を書きます。

宿がいいのは、いつでも温泉に入って気分転換できることです。

しばらく書いて肩がこったなあ、と思えば大浴場へ。露天風呂へ。

ただ、気分転換しすぎて、すっかりと宿での時間を満喫してしまい、仕事どころではなくなることもあります（笑）。

宿選び、立地場所、目的をしっかりと考えて試してみてください。

場所を変えての仕事は、強烈にメリハリをきかせられるのがメリットです。

(3) 人に覚えておいてもらう

私はよく忘れてはいけないことを人に話して忘れます（笑）。

無責任な方法ですが、一人では不安です。

「これ覚えておいてくれる？」と周りの人にとりあえず言っておきます。

同じようなやり方で、「メールしてくれますか？」も使います。

出版社の編集の方との打ち合わせで、締め切りやら、決められた日までにしなければならないことがあったとします。そのときには「念のため、もう一度メールしてもらえますか？」とお願いすることがあります。

直接会ってご依頼をいただいたときも、「同じことをメールで送っておいてもらえますか？」とお願いすることがあります。

こうすることで、本当に忘れてしまうことを防いでいるわけです。

これは子どもにもよく行います。

「先生、絶対に忘れるから覚えておいてね」と、しっかりした子二、三人に言っておくのです。

これで万が一本当に忘れても「先生……」と言ってくれます。

さて、集中も切れてきたし、このへんで次のＳＡに移って昼食でも取ろうかな（笑）。

Chapter3

習慣にしたい教師のための読書術

61 読書は最高の遊びと考える

かのナポレオンは、馬上にまで本を持ち込んだといいます。

「読書」こそ大人の最高の遊びではないでしょうか。

まずは本屋の空気が好きです。世の中を凝縮したような、そして知らない世界が少しずつ顔を出して誘っている。棚を見ていると手に取らずにはいられなくなります。新書は値段も手頃なので、楽しそうなタイトルの本をいつのまにか何冊も手にしています。

ちなみに本は月一〇冊くらいは購入しています。アマゾンが使えるようになってさらに本を買うことが一瞬でできるようになりました。〝積ん読〟になっている本も多いですが、それでもいいと割り切っています。

家の近くにレンタルボックスを借りて、本などを収納しています。

本は、「自分の部屋」「トイレ」「リビング」「枕元」「車の中（信号が赤のときに読む！）」「通勤鞄の中」など、様々な場所に分けて入れておきます。スキマ時間を利用して読むことになります。

本屋の半径五〇〇メートル以内に来ると必ず入ってしまいます。本屋の規模も、大手書店に行けば全て用は足りる、というものではありません。「その本屋の色」というものがあります。別項でも書きましたが、ここは旅の本が面白い、ここはビジネス書などと、本屋の〝色〟に合わせて訪れると上手に本屋を活用できます。

余談ですが、大手書店では「トークイベント」や「出版記念講演会」などを主催している場合があり、それに参加すると本の楽しみが倍になります。「伝説の灘校国語教師」で有名な橋本武先生のジュンク堂で行われた出版記念講演に参加したときは、講演者との距離が近く、著者の方の〝オーラ〟に触れることができ、とても貴重な時間となりました。大手書店のホームページを時々チェックすることをオススメします。

さて、次項からは「本を使い尽くす」ために私がしていることです。まあ、趣味の世界と言ってしまえばそれまでですけれど（笑）、本をもっと楽しむための参考になれば幸いです。

62 本選びで気づく

本選びで見るべきポイントがいくつかあります。

まず奥付を見ます。注目すべきは著者の経歴です。小学校の先生向けの本なのに、よく見ると驚くことに小学校勤務の経験がない、ということがあります。そういう本は説得力に欠けます。

本ではいくらでもそれらしいことが言えます。しかし、やはり**経験や具体的な事例に基づく内容でなければ、その本は「それっぽい」「何となく」「あたかもそれらしい」といった範囲から出ない**のです。

次に「前書き」です。**前書きにはその本の著者の人柄のようなものが出る**と私は考えています。本にも自分とは合う、合わないといったフィーリングのようなものが存在するような気がします。

前書きを読んで「自分とは毛色が合わないいな」と感じたら私は買いません。前書きは著者の心です。

さらに「目次」です。当たり前ですが、目次を最後まで眺めれば、自分がほしい情報が入っているか、自分が読みたい内容が並んでいるかなどがわかります。その中で一つ読んでみて、ピンとくる「フレーズ」が数カ所あれば買い。私はそのようにしています。

本をつくり上げるまでには膨大な時間がかかっています。

まず何より著者の長い長い人生のうえでの経験。これらの中から選りすぐりのコンテンツが並んでいるのが本です。

言うなれば、膨大な時間の中の膨大な経験に裏づけされた「専門家のメモ」です。そう考えると、本ってものすごくお得なモノであると実感します。

63 乱読する

「どうしたら子どもたちに即答できますか？ どうしたらアドリブ力が身につきますか？」といった質問がありました。教室は筋書きのないドラマなので、まさに「反射力」「アドリブ力」といった対応力が必要になります。

経験です！と言ってしまっては身もふたもありません。では、その経験を埋めてくれることは何でしょうか。それが「読書」です。

好きな作家や好きなジャンルの本をとことん読みまくる。そうすることで、「言葉」や「フレーズ」が自分の身体の中に蓄積されていきます。

さらに、ジャンルを問わずに様々な本を読む。

そのバラバラの情報を整理してくれるのが脳です。**バラバラに取り込んだ様々な本からのエキスは脳内でつながり、「あなたの言葉」としてここぞというときに出てくる**のです。

なかなか臨機応変に対処できない、アドリブ力がない、という人は、まだその絶対数が少ないのです。もちろん経験が積み重なっていくことが一番なのでしょうが、そこにプラスして徹底的な読書をオススメします。乱読ですね。読みまくる。

また**乱読は、柔軟な考え方の筋トレ**のようなものです。

本には先輩の先生方が体験してきた成功や失敗、知恵が詰まっています。読書をすることでそれらを追体験できるのです。いわばこの先の教育活動の「予習」です。

こう考えれば一冊数千円以内の本の何と安いことか。そして、読書という行為の何と魅力的なことか。そう思うのです。

「教育書」のみならず、**様々な本を徹底的に乱読することが、自分の仕事、自分の人生に対する大いなる「予習」である**と私は実感しています。

64 「いいな!」で買う

本は躊躇せずに買うことをオススメします。「いいな!」とピンときたら「購入」。

私は今、読書会を開いていますが、その場所は「いいな!買い」の最たるものです。

そこでは魅力的な本が次々と紹介されるので、その場で注文するときもありますし、読書会メモに書名を打ち込んでおくこともあります。

その後、アマゾンから本がポンポンと送られてくるのもまた楽しい。

家はアマゾンの箱だらけです。

さて、購入した本ですが、オススメなのは届いた日、**購入して帰ってきたときに斜め読みする、ザッと全体を眺めておく**ことです。

ザッと目を通しておく。**その本の残像を頭の中に残しておく**イメージです。

この行為は、次、多数ある「積ん読本」の中から読む本を決めるときに役に立ちます。

何となくこういう本、ということが頭の中にあるからです。

65 リアル書店に行く

教師こそ、毎日のように「リアル書店」に通うべきです。

書店は世の中の縮図です。日本が繁栄されている場所が書店なのです。

ですから、私はアマゾンで頻繁に本を注文しますが、かなりの頻度でリアル書店にも足を運んでいます。

ベストセラーを知る。流行を知る。あらゆる情報にすぐアクセスできる。

リアル書店のよさは、日本の〝今〟を感じることだけではありません。中身を見ながら本を選ぶことはもちろん、様々な本に囲まれていることは自分にとって大きな刺激となっています。

つまり、新しいアイデアが浮かんでくるのです。

様々な場所に、自分の立ち寄れるリアル書店をマークしておき、スキマ時間があったら入ってみることをオススメします。

66

本に相づちを打つ

自分なりの本の読み方されていますか。

本の元を取るには、自分なりの「本の読み方」「本の吸収の仕方」ができればいいですね。読書を自分の身体に取り込んでいく術《すべ》です。

本を読むのは、簡単に言うと楽しいから読んでいます。そして、その本から（著者から）感化されたい、という漠然とした気持ちです。ですから、何か是が非でも元を取ってやる、ということではありません（そのような読み方もあると思いますが）。

ただ、せっかく読むのだから、「自分の読み方を探してみては」ということです。読んだことが自分の中に蓄積しやすくする。肝心なときにフッと頭の中に降りてくる。そのために「身につく読書」が必要です。「身につく自分なりの読み方」を見つけてみましょう。

私の場合は、まず「線を引きながら読む」ということです。これは当たり前に行っている人も多いでしょう。

そして、それに「相づち」を入れます。**線を入れた箇所に「そうそう」とか、「これをいいたかった！」などとつぶやきを書きつける**のです。

これをすると、自分の中に落とし込んで読んでいる実感がわきます。「ああ、読んだなあ……」と。そして、何よりこれが私なりの「脳内収納術」です。

ただ相づちを打つ、という行為が、本の要所要所に楔を打ち、その本の読書行為を価値づけてくれていると考えます。

同時に「思ったこと」や「アイデア」など、「気づき」も必ず書きます。こうすると読み終わった本は「自分だけの本」になります。**「本がそのまま自分の気づきメモ帳」と化す**のです。次にパラパラとその本を開いたときに二度楽しむことができます。

相づち読書法は、流通版の本を自分だけの「オリジナル本」に変える作業と言えるのです。

本に書き込むことには好き嫌いがありますが、私は徹底的に本に書き込んで、本を使い尽くして読みます。

67 教育書以外から学ぶ

「教育書以外から学ぶ教育」について書きます。

教育書以外の本を教育のことに「引き寄せて」読みます。読みながら先に示した相づち読書をしているときに、少し言葉を教育に置き換えて考えてみます。書き換えてみます。

例えば、神田昌典氏の著作『非常識な成功法則』の中に、次のようなフレーズがあります。

商人は商売のプロ。金儲けのプロなんだから、プロに徹してお金を儲け続けなければならない。

神田昌典『非常識な成功法則』(フォレスト出版)

このフレーズはそのまま教師の自分磨きにも当てはまります。

教育に置き換えてみると、

教師は教育のプロなんだから「教育」し続けなければならない。

教育の話をし続けなければならない。

となるでしょうか。

私はビジネス書や自己啓発書を読む際に、**気に入ったフレーズの横に、前述のように「教育に置き換えて言えばどうなるか」をよく書き込みます。**

もう一つスポーツ選手、三浦知良氏の著作から。


試合に出ているときの苦しさなんて、出ていないときの苦しさに比べたら比較にならない。

三浦知良『伝説の言葉蹴音』（ぴあ）

このフレーズも大きな気づきをくれます。

教育に置き換えて気づきを書くと、

「私たち担任の教師は毎日試合に出られる。毎日勝負する場が与えられている。これは幸せなことだ。そのことはともすれば忘れてしまいがちである」

となるでしょう。

教育に引き寄せて読んで自分の中に落とし込んでいく。これはとても楽しい作業です。様々なビジネス書や自己啓発書、伝記などから無限に学んでいけることを意味します。ワクワクしてきますよね。

次は授業をつくるときの話です。授業をつくるときに教育書で先行実践などを調べるのは当然あるのですが、時として、授業のアイデアは「教育とは全く関係のない本」から生み出される、ということがあります。

脳は実に上手くできていて、自分がしなければならない授業に寄せて様々な情報を収集しています。直接関係ないように思えても、文芸書から「書くことの授業」のアイデアが生まれたり、専門的な生き物の図鑑から理科の授業の導入が生まれたりするのです。

教育書からだけでは出てこないようなアイデアを教育書以外から得るのは、授業の幅を広げたり、授業の深さをつくり出したりするうえで大切なことなのです。

68 子どもの前で夢中で本を読む

子どもたちの「読解力」が問題になっています。読解力、語彙力、文章力、……。他にも数え切れない効果が期待できるのが他ならぬ「読書」です。

極端な話、とにかく読書なのです。スキマ時間を読書で埋め尽くさせていくイメージでしょうか。必ず机の中に本を入れさせておきます。時間があったらすぐさま読書。

そのために教師がすることが、「子どもたちの前で夢中で本を読む」ということです。こちらも徹底抗戦……いや、徹底的に本を読む。

本を読みなさい、と言って読むなら苦労はありません。教師自身も読む。同時に色々な働きかけはしていきます。それも挙げておきます。

☆貸し出し冊数ベスト5を発表する。これだけでも効果有り。

☆「今、机の中に本が入っている人、立ちなさい」子どもたちが立ったら、「君たちは読書のスタンバイができている人だ。学びの基本だ」と褒める。「座りなさい」で終了。これを週に何度も繰り返す。
☆冊数のグラフを貼り出す。ただし、こういうことは子どもにさせる。「読書係」などをつくって、どんどん（これでもかと）クラスの子たちが本を読むような作戦を考えさせる。その一環としての「冊数グラフ」となるのがよろしい。
☆面白かった本を子どもに一分で紹介させる。
☆ビブリオバトル（本の紹介バトル）をする。
☆先生の好きな本を紹介する。
☆どの学年でも読み聞かせをする。
☆テストが終了したら読書。
☆本にまつわるエピソードを話す。本屋大賞の話や、芥川賞などの話、書店の話に、読書会の話。楽しそうに話す。

子どもたちに楽しくたくさん本を読ませるには、あまり見返り（感想を書かせるなど）を求めずに、ただただ本を読む、という時間を確保してあげること。そして、あなた自身が楽しそうに夢中で本を読む姿を見せることです。

言葉は読書でつくられる

69

教室の中でひときわ「言葉」で目立つ子はどのような子でしょうか。

読書家の子です。

子どもたちに常に読書をさせていく必要があります。

それ以上に、我々教師は本を読んでいなければなりません。

子どもたちに相対するときに「言葉」がなければ薄っぺらい対応しかできないからです。

子どもだからこそ、私たち教師は豊富な「言葉」の中からその場にふさわしい「言葉」を選んで子どもたちに投げかけなければならない存在なのです。

読書をすることは、新しい知識が入ってくることだけがメリットではありません。

文章の書かれ方から論理的な書き方を学べます。

文章の流れから説得力のある話の持っていき方を学べます。

巧みな情景描写から感性を磨けます。

文体が人を表すことを知ることができます。

純粋に新しい表現を知る。

本から教わることは多いのです。

そして、それら**無数の本からの影響が、その人の「言葉」をつくっていく**のです。

「言葉」を増やすには読書をすることです。

「言葉」を深めるには読書をすることです。

切れる「言葉」を使うには読書をすることです。

「言葉」に重みをもたらすなら読書をすることです。

「言葉」はその人の生き様。

「言葉」をつくる柱の一つが「経験」だとしたら、もう一つの柱は「読書」なのです。

大好きな著者の本は全て読んでおく 70

その著者の生き方に感銘を受けたのなら、全て読んでおくことをオススメします。それはもしかしたらその著者に会えるかもしれないからです。

著者に会う、ということはなかなかないことかもしれませんが、逆に「会える」となったらその一瞬のチャンスを逃す手はありません。そのときに「先生の本を読んでいます」と言えるのと、「先生の本は全て読んでいます」というのとでは、与えるインパクトが全く違います。こちらから相手に与えるオーラ（気迫かな？）も変わってきます。

仮に会えなくても、その著者の本を読破していれば、著者の思考がインストールされていることになり、「この人なら何と言うか」「この人ならどうするか」というシミュレーションができます。この繰り返しが大きな修業となるのです。

〝あこがれの人思考〟で生きてみる、ということです。それにはその人の著作をできるだけたくさん、願わくば全て読破し、思考をインストールしたうえで、「その人思考」で生きてみる。これが有効です。

本を読むことは大いなる遊びであるとともに、上手く習慣化すれば大きなメリットを生むのです。

読書はローリスク、ハイリターンなとっておきの自分磨きの方法です。

71 本はフレーズ買いする

〈ひとつの建築を見たら、また次の建築まで二時間かけて歩きました。〉

これは安藤忠雄さんの本、『歩きながら考えよう　建築も、人生も』（ＰＨＰ研究所）の中の文章です。書店で中を眺めていたときにこのフレーズが目に入ってきました。それで何だかビビッときて購入。今や名高い安藤さんは若いとき、外国の名建築と言われる建物を見て回られました。続けて、〈歩いている間は、前に見た建物のことを考え、そしてこれから見る建物のことを考え、頭の中にずっとそれを思い描きながら歩くわけですよ。〉と書かれています。

私は本購入の際、「フレーズ買い」することがよくあります。

自分にガツンと飛び込んでくる「フレーズ」があります。そんなときは他の部分はあまり気にしないで、購入します。

本との出会いも一生に一度です。

次買おうと思っても、もうそのときは出会えないことが多い。

一つでも強烈に引きつけられるフレーズがあれば買ってしまうときがあってもいいと思います。

「フレーズ」に惚れて本を買いましょう。

著者はそのフレーズ、その一行を書くために人生を費やしています。

フレーズ買い、安いものです。

72

ページの折り方を変える

使えるページの折り方です。
「折り方を変える」ことだけで簡単に学びの重要度の区別がつきます。
そしてそれは、その本を活用する際にとても効率的です。

《折り方三段活用》
第一段階「角を三角に折る」　↓いいな。
第二段階「角を大きく三角に折る」　↓重　要！これは使える！
第三段階「縦長に大きく折る」　↓最重要！常に読み返せ！

縦長に折るのは父が行っていたのを見て真似しています。
この折り方がいいのは、ページをめくるといきなりそのページが開くということです。

書き込めなくとも折りだけでも充分に「使える読書」ができます。

縦折りが一箇所でもできればその本は当たり！

本を積み重ねて置いておき、横から眺めると縦折りは目立ちます。縦折りの多い本は身近に置いて何度も読み返すべき本です。

「折り方」を工夫して効率的に本を活用していきましょう。

自分なりの「折り方のルール」が読書の効果を何倍にも高めてくれるのです。

73 「本起こし」をする

自分にとって「これぞ！」という本の扱い方です。

「本起こし」と私は呼んでいます。

大量に折り（特に縦折り）を入れて読んだ本に出会ったときに行っています。

ポメラを用意し、終わった後に、本文で線を入れているところで「このフレーズは使おう」と思ったところ（特に縦折りの部分）を片っ端から箇条書きで打ち込んでいくというものです。打ち込むときはただひたすら打ちます。

それをやるのは「スキマ時間」です。ちょっとあいた時間にさっと打ちます。またそれができるのが本書で何度も登場している「ポメラ」（キングジム）です。例えば、鞄の中に持ち歩いていた本を読み終わった。そうしたら、そこにポメラがあれば駅で電車を待っているときに打ち出すこともできます。一つでも二つでも打つのです。

これは義務ではないのでできるときにやればいい。

手元にその文章をアイテムとして置いておきたいときです。そのような文章、一節に出会ったら打ち出して、データ化しておきます。そして一冊分打ち終わったらプリントアウトしてクリアファイルに入れて持ち歩きます。または、そのようにして作った「マイブックレビュー集」を簡易製本（透明のカバーをつけてバーで挟むだけ。一〇〇円ショップに売っています）し、いつでも持ち歩きます。

それを幾度となく目にすることで、自分の身体の中に浸透していきます。本で得た知識をワインを熟成させるがごとく自分の周りに取り出しておいて、少しずつ自分の中に染み込

ませるイメージです。このやり方は一冊の本で二度おいしく、重宝しています。

もちろんすべての本にするわけではないので、読んだ本がそのままメモ帳になっている場合のほうが多いです。しかし、自分の勉強として、私の場合趣味として、これと思った本は「自分用のテキスト」として再構成しておくのは大いなる「自分磨き」と言えます。

一枚の紙にまとめる

74

「本起こし」のもう一つの方法として、「一枚の紙にまとめる」ということがあります。

読んだ本をA４一枚にまとめてしまう。Ｂ５一枚にまとめてしまう。

まとめるとなると、その本のエキスだけを持ってこなければなりません。

読んでいない人は、その「まとめ」を読めば大体内容が頭に入ります。

読書会や勉強会など仲間うちでいくつか本を分担して「まとめ」を作成して持ち寄る、というのは効率的です。

次ページは、藤原正彦さんの『祖国とは国語』（新潮文庫）を読んだときの「まとめ」の実物です。私はイラストを描くのが好きなので、イラスト入りでまとめています。

国家の浮沈は小学校の国語にかかっている
イラストマイブック①
語彙の獲得には漢字を！
小学生の頃がもっとも適している。
記憶力が最高で、退屈な暗記に対する批判力が育っていないこの時期を逃さず、叩き込まなくてはならない。
国語が思考そのものと深く関わっている
知的活動とは語彙の獲得
強制でいっこうに構わない。
「国語の中に祖国を祖国たらしめる文化、伝統、情緒などの大部分が包含されているから」
思考の正当性より説得力のある表現が重要
書いて主張
討論で主張
『祖国とは国語』藤原正彦（数学者）
「小学生の時に読んでおいてよかった」
いやもう絶対国語なんだって
ここまでズバッと言えるのはすごいな…
やっぱり討論必要やん
一に国語、二に国語、三、四がなくて五に算数、あとは十以下。
国語力を向上させ、子どもたちを
読書に向かわせることができるかどうかに、日本の再生はかかっている
情緒
教育により育くまれ磨かれる情緒
「貧困」という情緒
「なつかしさ」という情緒
「もののあわれ」という情緒
「美しいものに感動する」情緒
「武士道精神」に由来する情
勇気
誠実
礼節
正義感
小説、詩歌、作文、古典、漢詩、自然を謳歌した文学の朗唱暗唱
藤原氏は、「話す」「聞く」に重心がいている今の国語をやめて、「読み」の力をつけ「読書」をと。
寺子屋には「読む」「書く」しかなかった。
「読む」「書く」「話す」「聞く」
＝20：5：1：1
読書・情緒
兵庫教育大学大学院・尼崎市立北難波小
muchuujin@ezweb.ne.jp 森川正樹

75

すすめられた本は即購入する

◆オフに……

友「この本ええで」

私「え、そうなん。買うわ」

（購入決定まで0・75秒）

◆職場で……

先輩「○○っていう本、最近読んだけどなかなかよかったよ」

私「ちょっと待ってください。（森川メモ取り出し）題名もう一回言ってください」

先輩「○○」

私「（記入後）買います」→帰りに大型書店で購入。

（購入まで一日未満）

◆研究会・セミナーで……

司会の先生「講師の先生が出された本です。よかったら、帰りに販売ブースでご購入ください」

会終了後、

私「さっきの本ください」

（その場で購入）

◆読書会で……

紹介を聞いていいなあ、と思った本は即アマゾンで購入。

（購入まで三〇秒）

人にすすめられた本はその場で買いましょう。

・買えるときにその場で買う。

・すぐに買えないときはその場で書名を書き留める。

・すぐに書店に寄る。
・すぐにウェブで注文する。

人に本をすすめられたときに、「自分と違う分野だから……」などと言っていては話になりません。新しい世界を自分に取り込むことはできません。

また、「ちょっと考えます」ではもう遅い。そういう人は一生買いません。

私はすすめられた本はその場で「買い決定」です。必ず何か得るものがある。

また、本をすすめてくれる人はそこら中にいるわけではありません。とても貴重な存在です。ありがたい存在なのです。そういう人は必ず知的な人です。そんな人を失ってはいけません。本を読んでいる人はそれだけで知的な人です。そういう人のすすめる本は購入しましょう。読んでみましょう。そして、自分に合わないなあ、と思うことがあっても何かしら必ず得ているのです。

すすめられた本から思わぬ発想が浮かぶこともあります。普通は、常に自分のフィルターを通してしか本を買うことはありません。しかし、時に自分とは全く違うフィルターを通した本を読むことは、発想や着眼点の幅を広げてくれることにつながります。

人に紹介された本は「神様のオススメ」なのです。

76 同じ本を二度買う

自分に大きなインスピレーションを与えてくれた本は、期間を空けてもう一度買います。頻繁にあることではありません。ここぞという本でやります。

二冊目はアマゾンの中古本でいいのです。届いたらもう一度読みながら線を入れます。面白いもので、初読のときとはまた別の箇所にラインが引かれます。そして、同じところにも線が引かれます。

こうすることで、さらにその本を吸収する感じがあります。まさに、**本を丸ごと余すところなく身体に染みこませる**方法です。

読書会を開く

77

読書会「月の道」を開催するようになってもう五年が経ちます。

場所は大阪。夜七時半開始。

「読書会」を始めるようになって、さらに一ヶ月の本の購入冊数が増えました（笑）。

集ってきて各々近況報告など。

参加者の職種は問いません。年齢も様々。

近況報告途中に食事が運ばれてきます。食事も会場を決める重要な要素。美味しいものを食べながら本について語るなんて最高の贅沢です。

一段落したところで各自の持参した本を紹介していきます。

私たちの行っている読書会は簡単なもので、自分の本を自分の切り口で紹介するのが基本です。その話の中からまた話題が様々なところへ飛びます。本から離れることもあります。それがまた面白い。話は尽きることがありません。

様々なジャンルの本が紹介されるので、自分だけでは決して購入することはなかったであろう本についても触れることができます。世界、見方が広がります。

テーマをあらかじめ決めることもあります。そのテーマに沿った本を各自で持参します。「そうきたか」「そんな本があるんだ」と反応も様々です。

読書周辺の話がまた盛り上がります。

「本の買い方」→何冊買う？

買ったらどうする？

本はいつ読む？

何冊読む？

速読術は？

本屋さんの自分だけの楽しみ方について

お気に入りの本屋さん

これらの話だけで一時間以上盛り上がって一冊も本の紹介をしていなかった、ということもありました。

最後に持ち寄った本をまとめて写真に撮ります（写真はある回の読書会のものです）。

教師自身が本を楽しんで読むこと、それが子どもたちに本の魅力を伝える最大の方法です。

あと、読書会を引き締めるのが「キャッチーな言葉が出たときは書き留めていく」という行為です。誰かが言った言葉で、「お、いい言葉出た！」というときには書き出します。部屋にホワイトボードがあったときは、そこに書き出していました。これはオススメです。

ちなみにある日の読書会の「キャッチーな言葉」をご紹介します。

・とりあえずめくっておく
・本が住んでる部屋
・買わないからこそ（本屋に）行く
・本の神宿った！

本の世界はその人の頭の中の世界です。その人の〝知〟をシェアできるすごい場です。本の世界をシェアすることで、様々な人の世界、世界観をシェアできるのです。

読書会は、学校でも近所の喫茶店でもどこでも開くことができます。人数も二人いればできます。開いてみてはいかがですか。

■読書会「月の道」

場　所：東梅田カフェ「ココドコ」（変わることがあります）

時　間：19：30〜22：00

※参加希望の方は左記メールアドレスまで。

※読書会「月の道」参加希望アドレス（dorukusuhopei@yahoo.co.jp）

エピローグ

本書もおかげさまで「習慣」シリーズの三冊目となりました。

「習慣」にまで昇華させたことは、自分の身体《からだ》の中から抜けません。

本書で扱った「自分磨き」は、教師生活をワクワクさせる生き方の提案です。

ワクワクしながら仕事がしたい。

ワクワクしながら毎朝子どもたちと出会いたい。

ワクワクしながら毎日の授業をしたい。

こうした、教師なら誰もが抱く「願い」を実現させる「習慣」の数々を扱ってきました。

「自分磨き」は一見遠回りな行為に映ることもしばしばです。

例えば、繰り返し繰り返し毎日書く「授業記録」。それは誰に見せるわけでもない行為です。

しかし、こういう習慣が確実にあなたを新たな高みへと押し上げるのです。

ワクワクしながらやっていたら授業が楽しくなっていた……そんな習慣。

「自分磨きの習慣」を身につけて、毎日ワクワクしながら過ごしましょう。
つらいことも、くじけそうになることも、「ワクワクするような自分磨き」で乗り越えられます。

さて、冒頭私は「ワクワクしているあなた」と出会えることを望みました。
私の願いは叶ったでしょうか。自分磨きの旅は始まったばかりです。
今日も大きな「教師道」という道を歩き続けます。
さあ、ご一緒に……。また、ご一緒に……。

最後になりましたが、本書をまとめるにあたり、明治図書の林知里氏には大変お世話になりました。感謝申し上げます。

今日もまた、授業して、反省して、へこんで、嬉しくなって……。

森川　正樹

【著者紹介】

森川　正樹（もりかわ　まさき）

兵庫県生まれ。兵庫教育大学大学院言語系教育分野（国語）修了，学校教育学修士，関西学院初等部教諭。平成32年版学校図書国語教科書編集委員。全国大学国語教育学会会員，教師塾「あまから」代表。国語科の「書くことの指導」「言葉の指導」に力を注ぎ，「書きたくてたまらない子」を育てる実践が，朝日新聞「花まる先生」ほか，読売新聞，日本経済新聞，日本教育新聞などで取り上げられる。県内外で「国語科」「学級経営」などの教員研修，校内研修の講師をつとめる。社会教育活動では，「ネイチャーゲーム講座」「昆虫採集講座」などの講師もつとめる。

著書に『できる先生が実はやっている　学級づくり77の習慣』『できる先生が実はやっている　授業づくり77の習慣』『クラス全員が喜んで書く日記指導』『小１～小６年“書く活動”が10倍になる楽しい作文レシピ100例』（以上，明治図書），『先生のための！こんなときどうする⁉辞典 アイテム・アイデア86』（フォーラム・A），『このユーモアでクラスが変わる教師のすごい！指導術』『言い方ひとつでここまで変わる教師のすごい！会話術』（以上，東洋館出版社），『どの子も必ず身につく書く力』（学陽書房）他，教育雑誌連載，掲載多数。

教師のためのスケジュールブック『TEACHER'S LOG NOTE』（フォーラム・A）のプロデュースをつとめる。

【社会教育活動】「日本シェアリングネイチャー協会」ネイチャーゲームリーダー／「日本キャンプ協会」キャンプディレクター／「日本自然保護協会」自然観察指導員／「CEE」プロジェクトワイルドエデュケーター

【ブログ】 森川正樹の“教師の笑顔向上”ブログ（http://ameblo.jp/kyousiegao/）

できる先生が実はやっている
教師力を鍛える77の習慣

2017年４月初版第１刷刊 ©著　者 森　川　正　樹
2017年５月初版第２刷刊 発行者 藤　原　光　政
発行所 明治図書出版株式会社
http://www.meijitosho.co.jp
（企画）林　知里（校正）井草正孝
〒114-0023　東京都北区滝野川7-46-1
振替00160-5-151318　電話03（5907）6703
ご注文窓口　電話03（5907）6668

＊検印省略　組版所 株 式 会 社 カ シ ヨ

Printed in Japan　ISBN978-4-18-168512-6

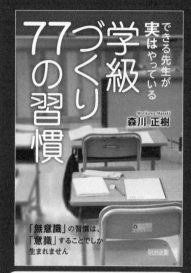